帰化人

古代の政治・経済・文化を語る

関　晃

講談社学術文庫

本書の原本は、日本歴史新書『帰化人』（増補版）
として、一九六六年に至文堂より刊行されました。

はしがき

古代の帰化人は、われわれの祖先だということ、日本の古代社会を形成したのは主に彼ら帰化人の力だったということ、この二つの事実が、とくに本書ではっきりさせたかったことである。古代史における彼らの重要性は非常に大きいが、従来、国学者流の偏狭な態度や、国粋主義の独善的な史観のために、その活躍がことさらに軽く見られる傾向が強かった。また、そうでない場合でも、正当な史料批判を経ないで、記紀などの記載をそのままに、彼らの歴史を構成するのが普通だった。さらに最近では、史料批判の上に立って彼らの活躍をできるだけ跡づけることを省略し、理論などによって直ちに古代社会の形成を考えることが多くなった。今日とくに帰化人の研究が必要だと考え、また本書に筆をとる気になったのは、そういう事情を痛感しているからである。ただ、本当はこういう通史的なものは、帰化人に関する個別的な研究を積みかさねた上で書くべきものであろう。しかし私としては、さきに『史学雑誌』に発表した「倭漢氏の研究」に次いで、秦氏のことを調べているうちに、いろいろ困難にぶっつかり、むしろ一度帰化人の歩み全体を少し詳しく見渡しておいたほうが、却《かえ》ってよいのではないかと思うようになっていた矢先だったので、意を決して筆をとることにした。実際に書き始めてみると、やはり準備の不足な点や判断をきめかねるところが多く、結果としては、不充分で読みにくいものとなったが、本書の意図するところが、幾分でも読者に理解していただければ幸いである。ともかくここに一冊の本として世に出ることになったのは、全く至文堂の厚意と督励のおかげであって、ここに記して感謝の意を表したい。

昭和三十一年四月

著　者

目次

帰化人

古代の政治・経済・文化を語る

序論

日本史で「帰化人」といえば、古代のそれを指すのが普通である。もちろん中世以後も、例えば鎌倉時代に中国の南宋から渡来した禅僧をはじめとして、外国から日本に来て住みついた人々がなかったわけではない。現代でも「帰化」という言葉は使われているし、外国人が日本に国籍を移すことは、いくらでも行われている。しかし、「帰化人」の存在と働きがとくに歴史的に大きな意義を持ったのは、古代の、しかもだいたい九世紀の初め、平安時代に入る頃まででであった。

またわれわれが帰化人という場合には、はじめに渡来したその人だけでなくその数代のちの子孫までを含める。それはやはり帰化人としての特殊性が、そのくらいの世代の間は失われないで残っており、その特殊性にこそ歴史的な意味が認められるからである。日本に渡来する人の数が問題にならないほど少なくなり、しかも前からの帰化人がその特殊性を失ってゆくのが、だいたい平安時代の初期なのである。

そういうわけで、「帰化人」という標題をかかげた本書は、だいたい九世紀の初頭までのことをとり扱うつもりである。古代のこの時期に帰化人の存在が重要視される主な理由は、第一に彼らが中国や朝鮮から持ち込んだ種々の技術や知識や文物が、当時の日本の社会の進展と文化の発達に、決定的な役割を果したことである。

その一々の内容については、以下順を追って述べることになるが、その役割がどれほど決定的だったかということについて、今までの認識が必ずしも充分だったとは言えないであろう。もちろん従来の日本史でも帰化人のはたらきの重要性について触れていないものはないし、戦後日本史の理解の仕方が大きく変ったからといって、この点で百八十度の転回が必要なわけではない。しかしながら、以前は日本人の固有の文化とか素質とかいうものを、何かむやみに高いものときめてかかる風潮があって、帰化人のはたらきは、いかに大きなものだったにしても、結局はそういう固有のものの発展を外から刺戟《しげき》し、促進したにすぎないという見方が強かった。しかし実際は、彼らがその時その時に日本に持ち込んだ技術や知識や文物は、当時の日本のものにくらべて、桁《けた》ちがいに進んだ高度のものだった。そして、それによって初めて、日本の社会は新しい段階に足をふみ入れることもでき、また新しい精神的な世界を展開させることもできたのである。だから、彼らの持ち込んだものが、新しい時代の主人公となっていったと言っても言い過ぎではない。けっして日本文化の発達に貢献したなどという程度のことではないのである。この点はとくに留意していただきたいと思う。

帰化人の存在を重要視する理由の第二は、その数である。当時どれだけの帰化人が渡来したか、正確に知る方法はもちろんない。弓月君《ゆづきのきみ》が百二十県の人夫を率いて来たとか、阿知使主《あちのおみ》が十七県の党類を率いて来たとかいうような伝えは、あまりあてにならないことは言うまでもない。しかしそれほどではなくとも、数世紀の間つぎつぎに渡来したものを総計すれば、全体としては案外大きな数に上るであろう。

平安時代の初め、弘仁年間に朝廷で編纂された『新撰姓氏録《しんせんしょうじろく》』は、支配層を形成する氏（ウジ）、すなわち中央政府で一定の政治的資格をもつ家柄のリストであって、左右京と畿内すなわち山城・大和・摂津・河内・和泉五ヵ国の範囲のものだけを収載してあるが、全体で一〇六五の氏のうち、帰化人系統と称する氏は三二五で、ほぼ三〇%を占めている。これがすべて本当の帰化人系統かどうか、全幅の信頼がおけるとは限らないが、栗田寛博士が古来の史籍に現れたすべての氏の数を調査した結果（氏族考）もだいたい同様で、二三八五氏のうち七一〇氏すなわち三〇%弱が帰化系統と言われるものとなっている。

この比率は、地方の農民層ではずっと低くなるにちがいないけれども、それにしても大きな数だと考えなければならない。大きな数だということは、それだけ大きな影響を与えたということである。しかもただそれだけで、それは過去のことであり、よその人のしたことだと済ましていては間違いであろう。

祖先の数を計算してみればすぐわかることだが、現代のわれわれの一人一人は、すべて千数百年前に生活していた日本人のほとんど全部の血をうけているといってもよいほどである。だからわれわれは、誰でも古代の帰化人たちの血を一〇％や二〇％はうけていると考えなければならない。われわれの祖先が帰化人を同化したというような言い方がよく行われるけれども、そうではなくて、帰化人はわれわれの祖先なのである。彼らのした仕事は、日本人のためにした仕事ではなくて、日本人がしたことなのである。彼らの活躍をそういう目で見ていただくことも、また筆者の希望の一つである。

ところで、このように歴史上に重要な地位を占める問題であっても、正直のところ帰化人についてそう話のたねがあるわけではない。ことに、初期のころのことになると、どこまで確実性を保証できるかわからないような伝えがあるだけで、そのままではすぐに史料にならないものばかりである。

例えば、応神天皇のときに阿直岐《あちき》とか王仁《わに》とかいう人が百済《くだら》の国から来朝して、学問を伝えたという有名な話があって、これを確かな事実と思っている人も少なくないけれども、実は帰化人の子孫たちが、大分のちの時代にそういう言い伝えを持っていて、それが、八世紀に作られた『古事記《こじき》』とか『日本書紀《にほんしょき》』とかの書物に書かれたというだけのことで、果して事実かどうか、それだけではなんとも判定のしようがない話なのである。だから日本史のたいていの概説書などで、帰化人たちの果した役割が非常に大きいものだったということが述べてあっても、それは決して詳しい事実がたくさんわかっていて、その上で言っていることではなく、だいたいそう言って間違いないだろうという推測の程度にすぎない。

そこで真偽不明の伝えを一々とり上げて、どの点はどういう理由でどの程度の確実性があるというようなことを穿鑿《せんさく》しはじめれば、書くべきことはいくらも出てくるかもしれない。しかしここではそのようなあまりに専門的な考証に立ち入ることは許されないし、読者にもそれでは迷惑なだけであるから、なるべくそれは控えることにするつもりである。ただそうなると、材料が少ない関係で、わからない部分をどうしても想像で補うということになりがちである。従来の概説などでも、その傾向が強かったし、また不確かな材料をそのまま使うことが多かった。本書では、そういうことをできるだけ避け、実態に即して帰化人の動きを跡づけて行きたいと思うので、そのために、やや無味乾燥な叙述にかたむいたり、説明がこみ入ったりすることがあるかもしれないが、その点は読者の御理解をお願いしたい。

この実態に即して見てゆくということは、歴史からできるだけ多くのことを学びとるために最も大切なことであるが、従来の説明はあまりに一般的であった。古代の生活や文化の発達の上に、帰化人の果した役割が極めて大きいものだったということは指摘しても、その具体的な内容になると、好例と思われる事柄をあちこちからよせ集めて、適当に分類・配列する程度のことで済ませていたのである。

しかし注意深く実態を見てゆけば、帰化人の働きにはいくつかの段階があり、中心になって活躍した帰化人の種類にも変遷交替があり、またその歴史的意義にも、時期によってかなりの相違があったことがわかる。彼らの存在が日本の社会の根本の問題と密接につながっていた以上、それは当然のことであって、そういう点をなるべくはっきりと出してゆきたいと思っている。したがって充分にわかっている事実を活《い》き活きと描くというよりは、わかりにくいことをできるだけ正確にまとめてみるということが主な仕事となるわけで、そのために、すっきりした叙述にならないかもしれないが、この点もまたあらかじめ読者の御了承を乞《こ》う次第である。

なお、帰化人の系統、あるいは帰化人の氏という意味で、「蕃別《ばんべつ》」という言葉を使う人が多い。これは古代にはなかった語で、江戸時代以来のことのようであるが、明らかに誤りであろう。『姓氏録』では、すべての氏を、皇別・神別・諸蕃の三つに分けてあるが、皇別・神別の「別」という字は、皇室や天神地祇《てんじんちぎ》から次第に分れた氏という意味で使っているのであって、部類という意味ではない。帰化系の諸氏の場合は、ある特定の源から次第に分れて来たものという観念があったわけではなく、諸方からの寄り集りという意味で「諸蕃」と言ったものである。従ってわれわれも「諸蕃」、あるいは「帰化系」とでも言うべきであって、「蕃別」という言葉はやめたほうがよいであろう。

第一編　初期の帰化人

1　鳥羽の表

古いところのことは事実かどうか判定のしようがない『日本書紀』の記事も、六世紀の半ば頃、欽明天皇の時代あたりになると、どうやらかなり信用できるようになってくる。その頃、大和の朝廷にとって、海のむこうで容易ならぬ情勢が進行していた。朝鮮半島の東南に国を建てて、文化的に最もおくれていた新羅《しらぎ》が、ここ四、五十年の間にかなり急速に国力を充実させ、朝廷が応神・仁徳天皇以来約百五十年にわたって培ってきた勢力を、しだいに圧迫する形勢になっていたのである。

それは朝廷にとっては甚だ心外なことだった。かつては、北方の強国高句麗《こうくり》だけが当面の敵で、朝廷から見れば百済や新羅は属国にすぎなかった。もっとも百済や新羅にしてもけっしてこちらで考えていたほど心の底から服従していたのではないのにき

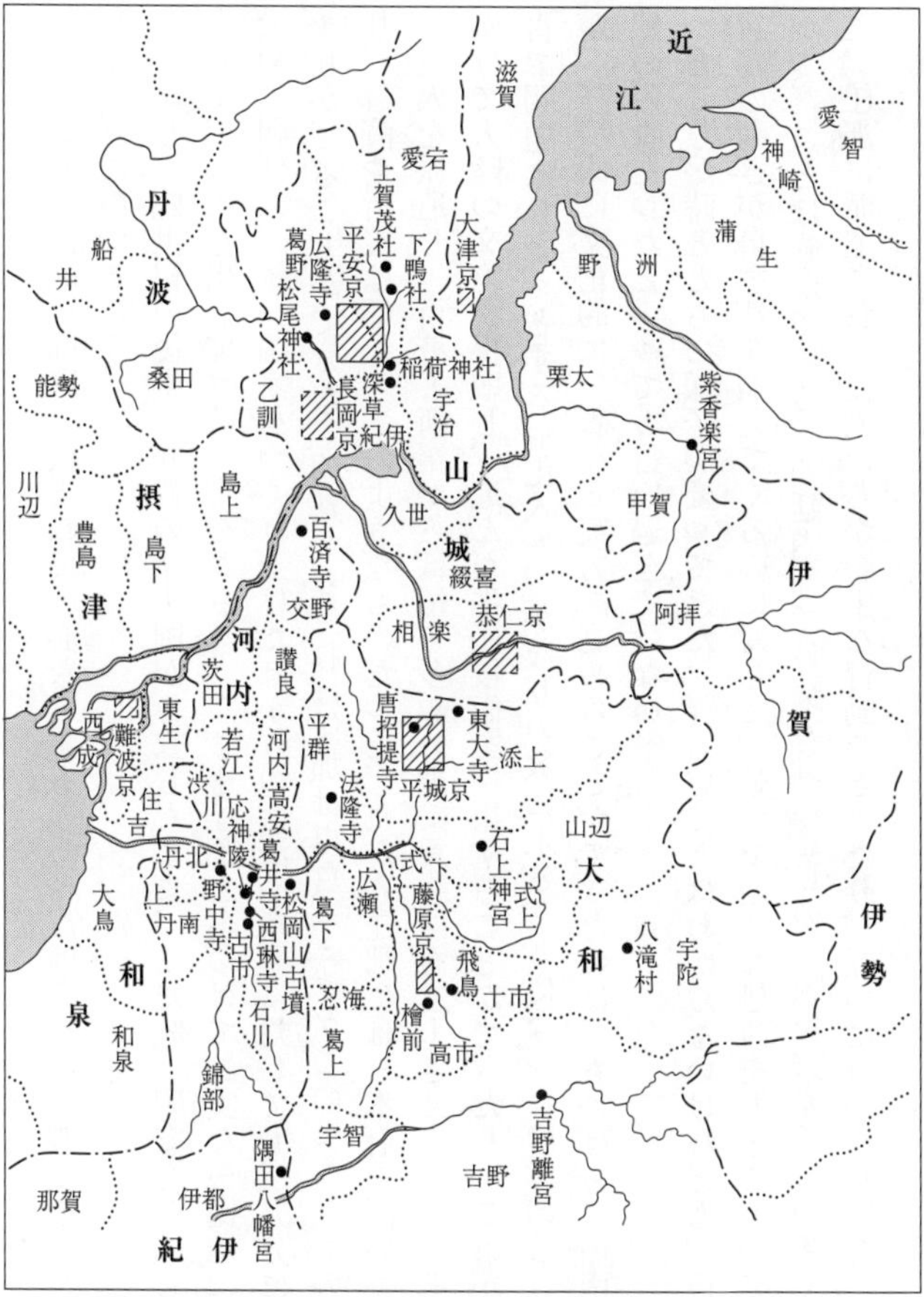
近江
滋賀
愛宕
愛智
神崎
蒲生
野洲
栗太
紫香楽宮
甲賀
伊賀
阿拝
丹波
船井
桑田
能勢
上賀茂社
下鴨社
平安京
広隆寺
葛野松尾神社
大津京
稲荷神社
深草
長岡京
乙訓
紀伊
宇治
山城
久世
綴喜
相楽
恭仁京
摂津
川辺
豊島
島上
島下
百済寺
交野
河内
茨田
讃良
東生
西成
難波京
若江
河内
平群
唐招提寺
東大寺
添上
平城京
渋川
住吉
応神陵
高安
法隆寺
石上神宮
山辺
大和
丹北
八上
野中寺
葛井寺
松岡山古墳
西琳寺
古市
葛下
広瀬
式下
藤原京
式上
大鳥
丹南
和泉
石川
忍海
飛鳥
十市
檜前
高市
八滝村
宇陀
伊勢
葛上
錦部
宇智
吉野離宮
吉野
隅田八幡宮
那賀
伊都
紀伊

畿内要図

まっている。南北の強国に挟まれて、心ならずもうわべだけそういう態度をとっていたにすぎないであろう。

　しかし、四世紀の後半、弁韓《べんかん》の諸小国が分立したまま、まだ統一国家を形成しないうちに、大軍を出して弁韓一帯をおさえ、ここを任那《みまな》と名づけて確実な根拠地にした大和の朝廷は、統一国家をつくり上げたばかりの百済や新羅に対しても、充分にらみを利かせることができた。朝廷から見れば任那は屯倉（ミヤケ）のようなものであり、百済や新羅は部（べ）のようなものだった。だから任那には日本府を置いて直接に役人を派遣し、百済と新羅からは毎年多額の調《みつぎ》（貢物）を進上させていた。そのおかげで大陸の文物を摂取し、進んだ生産技術を採用することができたし、これから本書で問題にしようとする帰化人も、かなりの数に上ることになったのである。朝廷が、経済的に文化的に、着々と実力を高めることができたのは、もっぱらこの南鮮支配の賜物だったといっても言い過ぎではない。

　ところが時とともに様子が変ってきた。詳しいことはわからないけれども、百済と新羅の動きが自主性を加えてくるのに対して、朝廷で適切な処置をとることができなかったことは確かである。朝廷内部で外交方針に意見の一致を欠くことが多く、また、任那に派遣された役人たちが勝手な行動をとったり、互いに争ったりすることも珍しくなかった。しかし根本の原因は、やはり永い間朝鮮民族の民族的自覚を抑えつけておくことが無理だったのにほかならない。

ことに新羅は五世紀の中頃、高句麗の攻勢をどうにか切り抜けてから、独立国家としての自信を固めた。百済は、四七五年に高句麗の大攻勢をうけて、都の漢城（京城）を失い、国王・太后・王子らが皆敵の手に殺されたため、いったん滅亡に瀕《ひん》したが、都を南方の熊津《くまなり》（今の忠清南道公州）に遷《うつ》して、かろうじて再興した。その後はもっぱら南方に領域を拡張することに努め、耽羅《とむら》島（済州島）まで征服し、さらに新羅に対抗しながら、巧みに任那への進出をはかった。

五一二年に朝廷が百済の要求を容《い》れて、任那の四県（上哆唎《おこしたり》・下哆唎《あるしたり》・娑《さ》陀《た》・牟《む》婁《る》）を百済に割譲したことは有名だが、この四県は、少なくとも今の全羅南道の西半部を占める広大な地域だといわれる。しかもその翌年には、その東の己《こ》汶《もん》と帯沙《たさ》の地も百済に割譲された。そのために任那の諸国は、朝廷に対する信頼を失って新羅に接近しようとし、新羅は足もとを見すかして、積極的に任那侵略に乗り出した。やがて南加羅《ありひしのから》・喙己《とくこ》呑《とん》・卓淳《とくしゅ》など、洛東江流域の国々はその手に落ちた。日本に初めて仏教を公式に伝えたという百済の聖明王は、五五四年に新羅に攻め込んで戦死した。こうして五六二年には、任那は完全に新羅に併合されてしまったのである。

このいわゆる任那の滅亡の年は、『日本書紀』では欽明《きんめい》天皇二十三年となっているが、実際は天皇が位についてから三十一年目くらいに当るであろう。朝廷ではすぐに紀男麻呂《きのおまろ》を大将軍に、河辺瓊缶《かわべのにへ》を副将軍にして、新羅を攻めさせたが、成功しなかった。天皇にしてみれば、自分の治世に任那を失ったことは、なんとしても残念なことだったから、任那の回復、朝鮮における地位の再建ということが、常に念頭を離れなかったのであろう。天皇は九年後に病死したが、死の直前に皇太子を呼び寄せ、その手をとって、特に任那を再建すべきことを遺言したと伝えられている。

ところでその前年、すなわち五七〇年の夏に、高句麗の国使の船が越《こし》の国に到着した。日本海を横断しようとして風浪に遭い、今の石川県あたりの海岸に漂着したものである。

高句麗といえば始めから敵国であって、未《いま》だかつて親交を結んだことがない。まして正式の使者が来訪したなどということは一度もなかった。だから報《しら》せをきいて天皇は非常に喜び、山背《やましろ》の相楽《さがらか》の地に客館を新築して、手厚く接待するように命じた。実際、当時の国内の状態から、大軍を起して新羅を討つ自信はなく、それだけに国際関係を利用して、形勢を有利に導くことが切に望まれたのであろう。高句麗と同盟を結んで新羅を威圧あるいは挟撃できることになれば、これに越したことはないわけで、高句麗の使者も、あるいはそういう使命を帯びて来たものかも知れないが、確かなことはわからない。使者の一行は、秋になると近江を通り、相楽の客館に入って待機していたが、天皇は待望の使者に会わないまま翌年四月に世を去った。

そこで後を継いだ敏達《びだつ》天皇が、即位するとすぐに使者を接見するのであるが、実はここで問題にしようとするのは、その際の話である。

それは『日本書紀』に見えている次のような話である。敏達天皇は、まず群臣を相楽の客館に遣わし、高句麗の貢物を検査して京師《みやこ》に運ばせた。敏達天皇の宮は磯城《しき》の訳語田《おさだの》宮だが、宮が造られたのは三年後だから、ここで京師というのは欽明天皇の磯城島《しきしま》の金刺《かなさしの》宮かもしれない。それから天皇は高句麗の上表文を受けとり、大臣《おおおみ》の蘇我《そがの》馬子《うまこ》に授けて、多くの史《ふひと》たちを召集してこれを読み解かせた。上表文とか表とかいうのは、もともと中国で、臣下が皇帝に差し出す文のことをいうのであるが、高句麗が果して臣下の礼をとって来たのかどうか疑問である。しかしとにかくそれは正式の国書だったのであろう。

ところがこの国書を三日の間に読み解いた者がなかった中に、船史《ふねのふひと》の祖の王辰爾《おうしんに》という者だけが、読み解くことができた。そこで、天皇と大臣は「勤《いそ》しきかな辰爾、よきかな辰爾、汝もし学を好まざらましかば、誰かよく読み解かまし……」とたいそう讃《ほ》めて、以後殿中に近侍するように命じ、また東西の諸史に対しては、「汝ら習うところの業何が故に成らざる。汝ら多しといえども辰爾に及ばず」とその怠慢を責めた、というのである。

史《ふひと》というのは、代々文筆の仕事を世襲の職務として朝廷に仕えていた氏《うじ》の人々で、ほとんど全部が帰化人の子孫だった。日本には固有の文字というものが無かったから、初めは中国の文字、すなわち漢字を拝借して使うほかはなかった。それは朝鮮の諸国もみな同様である。

文字の効用というものは、はかり知れないものだから、漢字を輸入したことは、生活の上で、一大進歩だったが、これを持って来たのは帰化人たちだった。また、日本語の構造は中国語とかなり根本的にちがっているから、漢文をそのまま使って日本語を正しく表現することは非常に困難で、どうしても漢文をそのままの漢文として習得するか、または漢字の音と訓とを混用して、うまく日本語を表現するように工夫するか、どちらも仲々むつかしい仕事だったが、その努力をしたのも帰化人たちだった。だから文字を使う仕事は、長い間帰化人の氏の人々の専門となっていた。六世紀の中頃にもなれば、日本人の中にもぼつぼつ文字を使うことのできる人が出てきたであろうけれども、政治上の文書や記録を作るとか、財物の出納、租税の徴収、あるいは外交文書の取扱いなどという実務になると、やはり帰化系の人々、すなわち史たちの独《どく》擅場《せんじょう》だった。

そういう史たちにこの高句麗の国書が読めなかったというのは、いったい本当のことであろうか。国書の文章が何か暗号のようなものだったのではないかという疑いさえ起りうるのである。

ところで『日本書紀』には、この話のあとにすぐ続けて、少し変った伝えが載せてある。その伝えというのは、この高句麗の国書は烏《からす》の羽に書いてあって、羽も字も黒いために誰にも読めなかったところ、辰爾がその羽を御飯の湯気で蒸し、絹の布に押しつけて文字を写しとったので、朝廷中の人々がみな感歎《かんたん》したという物語めいた話である。

もしこれが事実とすれば、史たちが読めなかったとしてもそれほど不思議ではないであろう。また攻守同盟でも結ぼうという軍事的な目的の使節だったならば、その文書が相手の新羅の手に入っても解読されないような特別の工夫をこらしてあったということもありえないことではない。しかしこれは事実であるまい。これでは辰爾のしたことはただ気転をきかせたのにすぎないから、学問に熱心だといってほめられるのはおかしいし、また史たちが職務怠慢のかどで叱責《しっせき》される筋合でもないからである。

しかしそれにもかかわらず、このほうが後々まで有名な話として人々に伝えられたようで、『懐風藻《かいふうそう》』の序文でも、わが国の文運の発展を述べて、「百済入朝して、竜編を馬厩に啓《ひら》き、高麗上表して、烏冊を鳥文に図す。王仁始めて蒙《くらき》を軽島に導き、辰爾終《つい》に教を訳田《おさだ》に敷く」と言っているし、またこの国書を「烏羽之表《うのひよう》」と呼んでいる例がある。

それでは何故こういう話が作られて有名になったのであろうか。恐らくそれは、一つには、この事件が当時の朝廷の人々に与えた驚きが余り大きかったからであろう。現実ばなれのした説話が作られるのは、人々が非常な衝撃を心に受けたためであることが多い。ことに古代人は、時代が遡れば遡るほど、人知が幼稚であればあるほど、そうであって、神話や伝説などは、もとはたいていそういう場合にごく自然に生み出されたものである。日本でも六世紀といえば、もうそれほど人知が幼稚ではなくなっていたことはいうまでもないが、それでもこういう説話的な話が、事実の話として作り出されることは、まだまだ珍しいことではなかった。従って、史たちに全く読むことができなかったという意外な事実に対する驚愕《きょうがく》が、烏の羽という話をうみ出したと見ることができるであろう。

それからもう一つには、史らが自分たちの不名誉を蔽《おお》いかくすために、この烏の羽の話のほうを普及させたという事情もあったであろう。文字を扱う専門の家柄でありながら、この職責を全うしえなかっただけでなく、あとで言うように、伝統のない新参者の王辰爾にひとり名をなさしめたのだから、彼らの面目は丸つぶれだった。代々世襲の職務によって各氏の地位がきまっていた当時の政治組織からいって、それは極めて重大な責任問題でもあった。そこで彼らは、烏の羽の話が作り出されると、――彼らが作り出したのかも知れないが、そこまではわからない――自分たちの無能を辰爾の単なる気転の話にすり替えることができるので、これ幸いと宣伝につとめたのであろう。事件を記録して後世に伝える仕事は彼らの専門だったから、目的が達せられるのは容易だった。

とにかく、烏の羽の話が事実でないことは明らかである。しかし同時にまた、このような話が生まれるほど大きな驚きがあったことも確かである。当時の朝廷の人々にとって、史らの無能は甚だ意外なことであり、辰爾の才能はこの上なく賞讃に値するものであった。しかしわれわれが見る場合には、単にそれだけに止《とど》まらない。この高句麗上表の事件は、明らかにそれまでの「古い帰化人」たちの代々うけ継いできた知識が、もはや旧式のものになってしまったことを物語るものであり、知識も技術も大陸における源泉がだいたい同じだったとすると、彼らの持っていた諸種の技術もまた旧式化してきたことを推測させるものである。

もしそうだとすると、この頃すなわち六世紀ころに、帰化人の文化的活動の様相に大きな変化があったと考えなければならないわけで、それはとりもなおさず帰化人の歴史における一つの大きな区切り目を意味する。この区切り目をはっきり浮き出させることは、史料の関係で非常にむつかしいが、この時期を境にした前後の帰化人の状態を比較してみると、漠然とではあるが、だいたいその事情をうかがい知ることができるようである。そこでまず「古い帰化人」たちについて少し詳しく見てゆくことにする。

2　氏姓制度

史（フヒト）はフミヒト（書人）のつまったもので、いうまでもなく「文筆を業とする人」の意味である。しかし、文筆の才能のある人ならば、すべて史と呼ぶことができたのではなく、大和朝廷の政治組織の中で一定の資格を認められた家柄の人々を呼ぶときにのみ用いられた称呼であって、それがさらに姓（カバネ）として制度的に固定されたものである。それについては、一応当時の政治組織を省みる必要があるであろう。

周知のように、三世紀の後半あるいは四世紀に入る頃から、大和朝廷はしだいに国土の統一を完成して行き、その結果、氏姓《しせい》制度と呼ばれる全国的な政治組織が形成された。それ以前の状態は、はっきりしたことはもちろんよくわからないが、弥生文化の開始以来、農耕生活の進展に伴って、しだいに各地方に勢力をもつ豪族が成長してきており、社会の進歩の早い地方では、小国家といってよいようなものが、西暦紀元前後からすでに現れていた。

弥生文化の二大中心地は、北九州地方と近畿地方で、この両地方では三世紀には多数の豪族が連合して、かなり大きな政権を構成していたと思われる。大和の朝廷というものは、近畿地方に形成されたそういう連合勢力であって、その連合体全体の力で全土の統一を進めたものである。といっても、その間の事情が具体的にわかっているわけではなく、その後の朝廷の構造から見て、だいたいそう考えられるというだけのことである。まして、その前に朝廷という連合体がどういうふうにして形成されたかとか、その中核となった皇室がどんな働きをしたかなどということになると、正直のところ事実は皆目わからない。ただ漠然と言えることは、統一がかなり短期間に、従って急速に進行したらしいということ、その場合に、地方によって豪族勢力の成長度がかなりちがっていて、地域差が大きかったが、たいていは徹底的な武力衝突で打ち倒されるというようなことはなく、従来の通りの地方支配を認められたままで、朝廷に服従したらしいということである（かなり強大だったろうと思われる北九州の勢力が、どういうやり方で併合されたかということがここで問題になるが、神話・伝説の類にも、激しい武力抗争の行われたらしい形跡がうかがわれないし、ほかにも確かな史料は何もないから、今後の問題として残しておくよりほかはない）。

それでは、このように比較的安易に統一の仕事がまとまったのは、どういうわけかというと、これもまたむつかしい問題である。具体的な事実が少しもわからない以上、考える手掛りがほとんどないわけであるが、極端に大ざっぱなことを言えば、当時各地に小国家が成立していたとはいっても、一般に社会の進展の程度がまだまだ低く、そのために大和にある程度強力な朝廷の組織ができると、地方の豪族の力は、到底これに抵抗することができなかったし、朝廷のほうでも、地方豪族の支配力を完全にたたきこわして、そこに新しく直接的な支配を布《し》くことが不可能だったためであろう。朝廷の内部構造にしたところで、皇室が他の中央豪族を完全におさえつけて、専制君主の地位を確立したわけでもなければ、皇室をはじめ各豪族が、それぞれ充分な自主性をもって、対等の立場で連合したわけでもなく、皇室に一種の精神的権威をもたせて結合の中核とした、やや中途半端な組織にすぎなかった。つまり統一の仕方は、あらゆる面でかなりルーズなものだったのである。

そうならざるを得なかった原因が、根本的に社会の未発達というようなところにあるとすると、統一国家の成立は、日本の場合必ずしも社会の内的成熟の結果とばかり言えないものがあるということになるであろう。日本の社会に最初の国家的統一を出現させた要因として、ある程度の内的成熟と並んで、海外情勢の影響という点を軽視してはならない理由がここにある。もともと統一の気運が起ったについては、対外関心に導かれたという面がかなりあるようであって、地方豪族、ことに西国の豪族が簡単に朝廷に服属した理由の中には、この点をも入れて考えなければならないであろう。従って朝鮮への進出は、単に朝廷が統一の次の段階に、余勢を駆って行ったものとして、すなわち統一の結果として見るだけではなく、はじめから統一の運動の目標だったという側面に留意すべきだと思われる。

こういう経過をたどった国土統一の結果でき上った全国的政治組織が氏姓制度であるから、氏姓制度を構成する単位は、中央・地方の豪族である。それは全国的に見ると大小さまざまであるが、大別すれば中央豪族と地方豪族に分けることができる。

中央豪族というのは、はじめから朝廷を形づくっていた連中で、その居住地域はだいたい奈良盆地・大坂平野・京都盆地、すなわち後の大和・摂津・河内・和泉・山城の諸国の範囲――大化以後に畿内と呼ばれるようになった地域である。その中で、皇室が最高の地位を占め、特殊な性質をもつ存在だったわけであるが、皇室というものと、朝廷というものの区別を、正確に説明することは仲々むつかしい。もちろん、皇室を含めた中央勢力全体が朝廷なのであるが、本当は朝廷全体の行為であることが天皇の名前で行われ、当時の人々も、観念の上では天皇の行為として考えていた場合が少なくないからである。皇室の特殊な性質というものの中には、そういう一種の象徴的性格が含まれていた。だから、ある屯倉《みやけ》、ある部《べ》を某天皇が置いたという場合にも、それだけでは、そういう直轄地・直轄民が皇室の私有なのか朝廷の所有なのかはっきりしない。私は、屯倉は事実上は朝廷のものであり、部には皇室私有のものも、朝廷所有のものもあると考えているが、当時でも、必ずしも制度的に区別がはっきりしていたわけではなく、その時その時の政治情勢によって、皇室の権力が強いときには、すべてがより皇室中心になり、衰えたときにはその逆になるというのが実情であった。それはやはり根本的には、各豪族が別にそれぞれ人民や土地の私有権を確保していて、皇室が絶対的な支配権を確立していなかったためにほかならない。

豪族の人々が朝廷に仕えるという場合にも同様で、某天皇に仕えたといういい方をし、いろいろな点でそういう形式がとられても、実際には、必ずしもそうではない。客観的に言えば、むしろ中央豪族は朝廷を構成する主体であって、そう考えたほうが、事実の関係をよりよく説明できることが多いのである。

そういうわけで中央豪族は、全体として朝廷の主体をなすものであったが、そのような一定の政治的資格をもった豪族は氏《うじ》と呼ばれていた。大伴氏《おおともし》・蘇我氏《そがし》などというのがそれである。

地方豪族も同じく一般に氏と言われたかどうか、これは案外疑問で、中央豪族に準じて氏という言葉が使われている例が稀《まれ》にはあっても、正式な使い方ではないかも知れない。もっとも、中央の氏もその一つ一つは、一族の拡がりから言っても、支配している人民や土地の量から言っても、大小・強弱さまざまで、小さいものは一部落の長という程度のものもある。そういうものと地方の有力なものとをくらべれば、比較にならないほど大きいものが地方にはいくらもあった。しかし中央のものは同じ朝廷内の仲間であり、地方のものはいわば外様《とざま》であって、政治上の立場がちがう。氏という称呼には、そういう差異を含んでいる匂いが濃いのである。いずれにしてもしかし、その構造には大した相違があったとは思われない。

一つの氏は、要するに多数の家に分れた同族集団で、一族の連帯性がどのくらい強かったか、どう変化していったか、はっきりと言うことはできないけれども、本家に当る家の家長が、氏の統率者として、朝廷の中で一定の地位をしめ、いわばその氏の代表者となる。これを後世になると氏上《うじのかみ》と言っているが、いつ頃から氏上という言葉が使われたかは必ずしも明らかでない。

有力な氏になると、氏上以外の氏人が何人も朝廷で活躍することは普通であるが、彼らの政治的地位は、その氏の勢力と伝統にしたがって、だいたいおのずからきまっていて、そこに家柄という観念がかなりはっきりとできていることがうかがわれる。大化前後（七世紀）のころになると、「臣《おみ》・連《むらじ》・伴造《とものみやつこ》・国造《くにのみやつこ》」という語で、全国の諸豪族を総括することがよく行われているが、はじめからはっきりした形がとられていたわけではないにしても、そういう形がしだいに整っていったことは確かであろう。国造に代表される地方豪族は別として、朝廷内部では、臣や連の姓（カバネ）をもつ上流の氏と、伴造すなわち品部《しなべ》などの管掌者であるところの中流以下の氏とに、だいたい分れていたということができるわけである。

品部というのは、以前は部《べ》の同義語として受けとられていたが、そうではなく、部のうちのある特定のものと考えるべきであろう。部はいうまでもなく、農村生活をしたまま集団単位で朝廷・皇室・諸氏の直接支配の下に置かれた隷属民であるが、その中でとくに品部と呼ばれるものは、朝廷が文化的・経済的その他各種の必要を充たすために、四、五世紀以来設置した特殊技能をもつ隷属民で、手工業その他特定の産業に従事するものが主体をなしている。

部という言葉および制度の起原は朝鮮にあるという意見が現在では有力であって、それは、帰化人による大陸的技能の移入が、部の制度の展開を生み出したことを示唆している。品部の制度の発展に伴い、これにならって皇室や諸氏がそれぞれ私有する農業民もしだいに部と名づけられ、あるいは部の形がとられるようになって、広く全国の人民が部という組織に編成されてゆくわけであるが、伴造は右に述べたような品部の管掌者であるから、その品部の技能に応ずる特定の業務を世襲するものであり（皇室私有の部である子代《こしろ》の民・名代《なしろ》の民などの管掌者も、これに準ずるものと見なしてよい）、臣・連などはたいていその上級指揮者として、やはり一定の職務を世襲するのが普通であった。各豪族による人民の私有ということと並んで、職務の世襲制が氏姓制度の根本的特質として挙げられる所以《ゆえん》はここにあるのであって、各氏のこの世襲職と家柄の高下とを示す標識が、いわゆる姓（カバネ）にほかならない。

姓には周知のように、臣・連・公《きみ》（君）・直《あたえ》・造《みやつこ》・首《おびと》・史《ふひと》・村主《すぐり》など、その他いろいろあるが、一度きまった姓を持つと、滅多に変更されないもので、その時その時のその氏の性格を必ずしも厳密に表しているとは言えない極めて大ざっぱな標識である。ふつう、臣は皇別すなわち皇室から分れた氏であり、連は神別すなわち皇室と祖先を異にする有力な氏とされているが、それがどこまで正しいか確かめるすべはない。公（君）には、皇室から分れたものもあれば地方の豪族もあり、後には帰化人も公の姓をもらっており、その勢力も大小さまざまである。

直は国造になっている地方の大豪族に多いが、中央豪族の仲間入りをした帰化人の漢《あや》氏も直姓であって、それが多数の氏に分裂している。造以下はだいたい中流以下の氏で伴造クラスに当るが、同じ姓でも勢力の差はいろいろで、皇別も神別も帰化人も含まれている。ただ史・村主などの姓を持つものは、ほとんど全部が帰化人と言ってよく、また史・薬師《くすし》などはその職掌が文字の上にはっきりしている。とにかく姓は、世襲と家柄を示す標識としてはかなり漠然としたものにすぎないが、しかし氏姓制度の政治秩序はこれによって維持されたのであり、われわれが帰化人の氏であることを見分けたり、その性格を考えたりするための重要な手掛りとなるものである。

以上ながながと氏姓制度のことを述べたのは、けっして余計な道草をくったわけではない。史たち、さらにはその他の初期の帰化人たちのことを理解するには、彼らがどういう世界に入り込んで来たか、そしてその中でどういう位置に据えられたかを承知しておくことが、ぜひとも必要だからである。

もっとも氏姓制度の内容は、そうはっきりわかっているわけではない。なにぶん大化以前のことで、『古事記』『日本書紀』というような、非常にあやふやな史料があるだけであるから、普通の概説の説明以上に詳しいことは仲々言えないし、普通の説明でもかなり危いところが多い。また、制度は最初からずっと固定しているものではないし、初期の帰化人が渡来した頃は、まだあまり制度が整っていない時期であり、むしろ氏姓制度は彼らの参加によってはじめてはっきりした形をとるようになったものである。部の組織の発達およびそれを基礎とした朝廷の経済力・軍事力の充実、支配体制の確立など、すべて彼らに負うところは極めて大きい。しかし、全然予備知識なしでは話にならないから、どうしてもある程度の概略は頭に入れておくことが必要なのである。

なお、以上の説明では支配体制のことだけがとり上げられ、被支配階級である一般人民の状態がほとんど触れられていない。従って、当時の社会構成が少しもわからないではないかという非難が当然あるであろう。氏姓制度をもって社会組織とするような一昔前のルーズな考え方から離れて、これを政治組織ないしは支配体制と見る限り、それは全くその通りである。しかし、それは史料の関係から非常な難問であり、むしろ現在の学界における重要な、しかし極めて困難な課題である。

また、帰化人の存在と活動は、大まかに言えば、主にまず支配階級とその支配体制に影響を及ぼし、それがひいては社会の変化・進展を促したというべきであろうから、ここではさし当って社会上部の体制だけに止め、下部のことは以下必要に応じて言及することにしたい。

3 東西の史部

さて、最初に史《ふひと》のことであるが、その職務は前に述べた通りである。史の姓をもった氏で、その名の知られるものはかなり多数で、そのうち出自に関する伝えを残しているものが、太田亮博士の調査によると四十数氏に上る（『日本上代に於ける社会組織の研究』）。もっともこの種の伝えは、たいてい記・紀や『姓氏録』に見えるものであるから、その確実性をつきとめるすべはないが、それらを見ると、田辺史・垂水《たるみ》史・御立《みたち》史（いずれも『姓氏録』に皇別とある）の三氏を除いて、すべて帰化系と称しており、田辺史や垂水史も疑わしいふしが大いにあるから、史姓の氏は、例外を除けば、ほとんど全部が帰化人だったと考えて差支えないであろう。

ではこの史はいつ頃から存在したものであろうか、あるいはいつ頃置かれたものであろうか。それを確かに知る材料はない。史姓の諸氏の中で、史となった年代がわかるものは、船史・白猪《しらい》史・津史・田辺史・高向《たかむこ》史・陽胡《やこ》史くらいのもので、それらはすべて六世紀後半、すなわち前述の高句麗の上表の頃より後である。船・白猪・津の諸氏は、例の王辰爾の一族で、これに関してはあとで少し詳しく述べる予定であるが、その賜姓についてはそれぞれ『日本書紀』の欽明天皇十四年（五五三）七月、同三十年（五六九）四月、敏達天皇三年（五七四）十月の条に記事がある。

田辺史については、『日本書紀』の雄略天皇九年七月の条に有名な説話が載っている。すなわち、「河内国飛鳥戸郡《あすかべのこおり》に住む田辺史伯孫《はくそん》が、自分の娘がお産をしたので、聟《むこ》の古市郡の書首加竜《ふみのおびとかりゅう》の家に出掛け、月夜に戻ってきたところ、蓬蔂《いちびこ》の丘の誉田《ほむたの》陵《みささぎ》（応神天皇陵）のあたりで赤い駿馬に乗った者に出逢い、自分の乗馬と交換して帰ったが、翌朝になって見ると土馬すなわち埴輪《はにわ》の馬に変じていた。そこで誉田陵に行ってみると、自分の馬が土馬の間にいた」というのである。しかし『姓氏録』をみると、左京皇別の上毛野朝臣《かみつけぬのあそん》の項に、同じ話が簡単に載せてあって、そのあとに、「これによって陵辺君《ささきべ》の姓を与えられたが、百尊（＝伯孫）の子を徳尊、孫を斯羅といい、斯羅が皇極天皇の世に河内の山下の田を賜り、文書を解するので田辺史の姓を与えられた」とある。これによると、伯孫のときにはまだ史ではなく、皇極天皇のとき、すなわち大化直前に史姓を与えられたことになるが、恐らくこのほうが正しいであろう。『姓氏録』の記載があまりあてにならないことは『日本書紀』に劣らないが、大化直前のこととなれば、なんといっても雄略紀よりは信用できるからである。雄略紀は、田辺史の祖の伯孫と書くべきところであった。なお、『姓氏録』ではこの田辺史を上毛野朝臣と同祖で、豊城入彦命《とよきいりひこのみこと》の五世孫多哥波世《たかはせ》の君の後なりとしているが、前述のごとくこれは疑わしい。『弘仁私記』の序によると、田辺史・上毛野公・池原朝臣・住吉朝臣などは、仁徳天皇のときに百済から帰化した思須美・和徳の両人の子孫であって、彼らが、日本の将軍として百済に渡った上野公竹合《たかはせ》の子孫だと申立てたので、上毛野氏の一族に混入したのだ、とあり、『姓氏録』でも別に帰化系と称する田辺史（右京諸蕃上）を載せており、また百済国人和徳の子孫と称する大県史《おおあがたのふひと》（右京諸蕃下）を帰化系の中に入れている。竹合の子孫云々の真偽はわからないが、とにかく、田辺史が実質的には帰化人であることは間違いないであろう。

高向史は、有名な高向玄理《げんり》（黒麻呂と書かれているところもあるが、玄理と書いてクロマロと読んだという確証はなく、クロマサと読むのもかなり無理で、ゲンリと読むのが最も適当だと思われる）に始まるが、彼は聖徳太子の遣隋留学生となって、舒《じょ》明《めい》天皇十二年（六四〇）に帰国するまでは、『日本書紀』に高向漢人《あやひと》と書かれ、大化元年（六四五）に国博士《くにはかせ》となった記事で、初めて高向史と書かれているから、史姓を与えられたのはその間であろう。

陽胡《やこ》（楊胡・楊侯）史は、『姓氏録』によれば、隋の煬帝《ようだい》の子孫と称しているから、それが事実ではないにしても、煬帝よりそう古い年代に帰化したものではないであろう。従って推古紀十年（六〇二）十月の条に、百済僧の観勒《かんろく》から暦法を学んだとある陽胡史の祖の玉陳《ぎょくちん》という人物は、帰化して間もない頃で、まだ史姓をもつに至っていなかったものであって、史姓を与えられたのはそれより後だということになる。

このように史となった時期のわかる例が、揃《そろ》ってみな年代の降《くだ》るものだとすると、史というものの成立は案外新しいのではないかという疑念が起るであろう。『日本書紀』などの古い年代のところに史姓の人名がいくら現れていても、それは史料として大して当てにならないし、田辺史伯孫の場合のように、後代の事実を遡らせて書いてあることがいくらでもあるからである。しかしそう考えるためには、右の例は少なすぎる。少なすぎるだけでなく、それがすべて六世紀半ば以後、ちょうど烏羽の表の話からうかがわれる帰化人の活動の転換期から後だということは、かえってほかの一般の史の成立が非常に古いことを推測させるものだといわなければならない。史の業務が朝廷にとってはじめからとくに必要であり、そういう職掌のものが置かれなかったはずはないという一般的判断もこれを支持するのである。

それでは、史という制度が定められたのはいつ頃であろうか。それは史の実質、すなわち文筆の専門職が置かれると同時だったであろうか。履中《りちゅう》紀四年八月の条に「始《メテ》之於二諸国《ニ》一置《キ》二国史《ヲ》一、記《シ》二言事《ヲ》一達《イタセリ》二四方《ノ》志《ヲ》一」とあって、普通これを史の設置の初見とする。この記事は、例えば中国の『春秋左氏伝』の杜預《とよ》の序にある「周礼有二史官一。掌二邦国四方之事一。達二四方之志一。諸侯亦各有二国史一。……」というような文章を借りて、『日本書紀』の編者がつくった作文とも見られ、その史実性は保証の限りでないが、しかし履中天皇というとだいたい五世紀前半に当るから、そのころにそういうことがあっても、けっして不自然ではない。しかしこれを直ちに史という姓の制度と結びつけるわけにはいかない。

次に『日本書紀』では、雄略天皇二年十月の条に、「この月、史戸と河上舎人部《とねりべ》を置く。天皇、心を以て師となし、誤って人を殺すこと衆《おお》し。天下誹謗《ひぼう》して大悪天皇と言う。ただ愛寵するところは、史部の身狭村主青《むさのすぐりあお》・檜隈民使博徳《ひのくまのたみつかいはかとこ》等なり」という記事が出てくる。ここに「史部」とあるのは、けっして史のために置かれた部民と解するわけにはいかない。青《あお》や博徳《はかとこ》は、身狭村主とか檜隈民使とかいう、れっきとした氏・姓をもつ者だからである。

これに対して、河上舎人部と並べて書いてある史戸のほうは、明らかに部民と解するのが自然であって、「史部」の生活の資として設けられた部民を意味しているのであろう。「史部」という語のそういう用例は珍しいことではなく、後の大宝令《りょう》や養老令《りょう》の中でも、史姓の諸氏を指して東西《やまとかわち》史部と言っている（学令大学生条）。これは被支配者に対する関係が、観念の上で支配層内部の上下関係に転化された表現法であって、文部《ふみべ》・蔵部《くらべ》などと同様、これを部の一類型とするのは不適当であり、フヒトラと読むべきものである。従って、青や博徳は実質的には史と考えられるが、しかし史姓ではなく、村主や民使という姓が記されている。これは早くから存在していた実質上の史たちに対して、史の姓を統一的に与える制度が進行中で、まだ確立されない時期の状態を示しているものではなかろうか。

もっとも、この雄略紀の記事も、全然あてにならないと言えばそれまでであるが、後にも触れるように、青や博徳という人物の存在は、かなり史実を反映していると思われる。従って、雄略天皇の年代といえば五世紀後半であるから、史という姓の制度は、だいたい五世紀後半の間に整えられたのではないかと考えられるのである。

以上のように見てくると、史たちは一般に「古い帰化人」であり、また「古い帰化人」の中でも代表的な一つの分野を占める大きな存在だったと言うことができるであろう。

ところで、彼らの活動の具体的な姿であるが、これは史料の関係で直接にはほとんどわからない。われわれは文書・記録の作成、財政事務、外交その他の面における大和朝廷の足跡――それも具体的にはほとんどわからないのであるが――の陰に史たちの活動を想像することで満足しなければならない。彼らなしでは、これらのことは不可能だったからである。それは想像であって甚だ頼りないことのようであるけれども、しかし、この時期における行政技術の飛躍的進歩は、朝廷の支配力を著しく充実させ、古代国家の発展の大きな基礎となったものであるから、彼らの活動の意義は極めて大きいと言わなければならない。ことに文字使用の技術を移入し、普及させた文化的功績は看過《みすご》すことができない。

日本には固有の文字がなく、いわゆる神代文字の主張がすべてとるに足らないものであって、漢字に接して初めて文字を知ったということは、すでに定説であるが、六世紀末より以前に日本で書かれた文字で、現物が今日まで残っているものは、熊本県玉名郡菊水町（現和水町）の船山古墳から発見された太刀（東京国立博物館蔵）のみねに刻まれた銘文と、和歌山県伊都郡（現橋本市）の隅田《すだ》八幡宮に伝わる人物画象鏡の銘文の二つである。

銘文の判読には異説もあるが、前者はだいたい「治天下復□□□歯大王世、奉□典□人名旡□弖、八月中、用大鐺釜幷四尺廷刀、八十練六十捃三寸上好□刀、服此刀者、長寿子孫注々得其恩也、不失其所統、作刀者名伊太加、書者張安也」と読まれ、最初の部分は恐らく「治天下復宮《たじひ》瑞歯大王」というような文で、これは反正天皇に当るから、太刀の製作年代は五世紀の中頃だろうと推定されている。

また後者はだいたい「癸未年八月日十、大王弟、男弟王、在意柴沙加宮時、斯麻念長寿、遣開中費直穢人、今州利二人等、取白上同二百旱、作此竟」と読まれ、男弟王が『日本書紀』に男大迹《おおと》王とある継体天皇のこととすると、癸未の年は五〇三年に当ると考えられている。

これらの銘文を見ると、漢文の語法の中に和文の語法を交え、また漢字の音と訓と

銀象嵌銘太刀　船山古墳出土
（東京国立博物館蔵　Image:TNM Image Archives　Source:http://TnmArchives.jp/）

を混用して日本語の固有名詞を書き表している。このような工夫を経てはじめて、日本では文字の使用が可能になってくるわけで、この方法がさらに発展してやがて宣命体や万葉仮名が成立してくる。そこに史たちの苦心の跡がうかがわれるのであって、この種の文章を俗に史部《ふひとべ》流とか史官《しかん》流とか呼ぶのも、ある意味では当っている。

また『古事記』や『日本書紀』の編修の際の材料となったと思われる帝紀・旧辞の類、すなわち皇室や諸氏の古い時代の神話・伝承・系譜を書きとめたものは、この史部流の文章で綴《つづ》られたものだったようであるが、だいたい継体から欽明朝にかけて、すなわち六世紀前半頃までに記録化されたものであろうという津田左右吉博士の意見(『日本古典の研究』)が一般に認められている。六世紀前半といえば、「古い帰化人」がもっぱら活躍していた最後の時期で、その内容は史実としてはかなり荒唐無稽《こうとうむけい》なものを含んでいても、貴重な古伝承を筆録して後世に残した史たちの功績は忘れることができないものである。ただ彼らが、このような文章をおもに手がけていたために、やがてその知識が旧式化して、王辰爾のような「新しい帰化人」にとって代られるようになったのではないかということは充分想像できる。

次に、彼らがその業務に従事した状態はどうかというと、これも確かなことはわからない。専門知識の習得は、家の中で親から子へ代々伝えてゆくという方法で行われただろうということは、氏姓制度の一般的性格から当然推測される。しかしそれを具体的に示す材料はない。またその執務が、主に殿中か官司――というほどのものがあったかどうか疑わしいが――で行われたか、各自の家で行われたか、あるいは史たちの間で当番制で勤務したか、それぞれさらに細かく専門に分れていたか、というようような点についても、はっきりしたことの言える材料はない。ただ、蔵史・船史・津史・三宅史・馬史などという氏の名があるから、職種がある程度分れていたことは確かであろう。また、史姓の諸氏が全体としてなんらかの組織を持っていたかどうかも明らかでないが、しかし同じ帰化人としてある種の社会的関係を結んでいた形跡はうかがうことができる。

さきにも触れた学令の東西史部という語について、大宝令の注釈書である古記は「倭《やまと》・川内《かわち》の文忌寸《ふみのいみき》らを本となす東西の史ら、皆これなり」と説明しているが、これは、史らがたいてい大和と河内に居住し、それぞれ東の文忌寸と西の文忌寸を中心にして集まっていたことを物語っている。この東・西はヤマト・カワチと読むべきもので、東の文忌寸は天武朝以前には文直《ふみのあたえ》（書直とも書く）、西の文忌寸は文首《おびと》（書首）と称していた氏である。同じ帰化人で、同一地域に居住していれば、おのずから生活の上で密接な結びつきを持つようになるのは当然で、田辺史の祖の伯孫の娘が、書首加竜に嫁していたという話などは、そういう状態の一つの表れである。こうして彼らの間である程度特殊な社会が形成され、そういう社会の代表者として、東西の文忌寸が立っていたのであろう。

なお『延喜式』の巻八に大嘗祭・祈年《としごい》祭・月次《つきなみ》祭をはじめ四時の諸祭に読む祝詞《のりと》の言葉が載っているが、大祓《おおはらい》の祝詞のあとに、「東文忌寸部《やまとのふみのいみきら》横刀《たち》を献《たてまつ》る時の呪《じゅ》(西文部これに准ず)」という次のような呪文がある。

謹請。皇天上帝。三極大君。日月星辰。八方諸神。司命司籍。左東王父。右西王母。五方五帝。四時四気。捧以二銀人一。請レ除二禍災一。捧以二金刀一。請レ延二帝祚一。呪曰。東至二扶桑一。西至二虞淵一。南至二炎光一。北至二弱水一。千城百国。精治万歳。万歳万歳。

これは、六月と十二月の晦日《つごもり》の大祓のときに、まず中臣《なかとみ》氏が御祓麻を上ると、その次に東西の文氏の人が参入して各一口の刀を上り、この呪文を漢音で誦するのであって、それが終ると百官の男女が祓いの場所に集り、そこで中臣氏が大祓の祝詞を読み、卜部《うらべ》氏が解除《はらい》をすることになっていた。この行事が奈良時代を通じて行われ、平安時代に入っても続けられていたことは確かで、大宝二年（七〇二）の十二月に、太上天皇（持統）の喪のために大祓が廃されたが、「但し、東西文部の解除《はらい》すること常の如し」と『続日本紀』にあるから、その頃にはもうすでに慣習化していたわけである。しかしそれがいつ頃から始まったかということになると、全く手掛りはない。ただこの呪文を見ると、道教思想に基づく中国の俗信仰を内容としていることが一見して明瞭で、これに類した内容のものといえば、古いところでは、例えば次のような古墳から出る中国製の神獣鏡の銘文の類があるくらいである。

吾作明竟甚大好、上有神守及竜虎、身有文章口銜巨、古有聖人、東王父西王母、渇飲玉泎、五男二女、長□□吉昌（大和新山《にいやま》古墳出土鏡）

七世紀以後にこの種の思想が帰化人によって顕著に持ち込まれた形跡はあまりうかがわれないから、こういう行事が朝廷で公式に行われはじめたといえば、それはやはり六世紀以前のことではないかと思われる。もしそうとすれば、そこには帰化人たちの独特な社会と思想を代表する、東西の文氏の古くからの姿がうかがわれるわけである。

4 西文氏

史姓諸氏の二大ブロックの一方の中心だった西文氏《かわちのふみ》は、天武朝の改姓以前は文首《ふみのおびと》と称していた。東文氏の場合もそうだが、この文の字をアヤと読むと思っている人が案外多いらしい。けれどもそれは明白に誤りである。文首・文直を書首・書直と書くことが多いし、また文直のことを倭漢文直《やまとのあやの》とも書くからである（『日本書紀』の古写本に一ヵ所だけアヤと訓を付けているところがあるが、それはアヤとフミと古い仮名では字体が似ているために生じた間違いであろう）。

この文首が非常に古い帰化人で、文筆専門の氏の中でも、とくに有力な地位と伝統を誇っていたものであることは、前節で述べたことからだいたい見当がつくであろう。ところで、こういうふうに言うと、人は、「そんなことはよく承知している。文首の由緒については、有名な王仁《わに》の話があるではないか」と言うにちがいない。なるほど、それはそうである。がしかし、その王仁の話というのは、『古事記』や『日本書紀』に載っていることであって、そういう古い年代になると、その話がどんなに合理的で自然で、本当らしく見えても、記・紀に書いてあるというだけでは、なんの信頼性も持ち得ない。記・紀という書物は、史料としては、そういう性質のものである。従ってこの話は、改めて検討してみる必要がある。

『日本書紀』では、応神天皇十五年八月の条に、「百済王が阿直岐《あちき》という者を遣わして良馬二匹を献ったので、阿直岐にその馬を飼わせたが、彼はまたよく経典を読んだので、太子の菟道稚郎子《うじのわきいらつこ》がこれを師とした。天皇が阿直岐に、汝に勝る博士があるかと問うたところ、王仁という者が秀れていると答えたので、上毛野君の祖の荒田別《あらたわけ》と巫 別《かむなぎわけ》とを百済に遣わして王仁を召した」とあり、翌十六年二月の条に、「王仁が来たので太子はこれに諸典籍を学び、通達せざるところがなかった。この王仁は書首らの始祖である」と記されている。

また『古事記』では、やはり応神天皇の段に、「また百済国主の照古王が、牡馬壱疋、牝馬壱疋を阿知吉師《あちきし》に付けて貢上し、また、横刀と大鏡を貢上した。また百済国に、もし賢人があれば貢上せよと命じたので、命を受けて貢上したのが和邇吉師《わにきし》であって、論語十巻・千字文一巻、幷《あわ》せて十一巻をこの人に付けて貢進した。この和邇吉師は文首等の祖である」とある。和邇吉師と王仁とは、もちろん同じ人物を指している。

この伝えは儒教の初伝あるいは書籍の初伝、さらに広くいえば学問の伝来として、欽明紀十三年の仏教の伝来の記事と並べて、古くから非常に重要視されてきた。『懐風藻』の序に「……王仁始めて蒙《くらき》を軽島（応神朝）に導き、辰爾終《つい》に教を訳田《おさだ》に敷く。遂に俗をして洙泗《しゆし》の風に漸《ひた》らしめ、人をして斉魯《せいろ》の学に趨《おもむ》かしむ」と述べ、『日本霊異記』の序に「原《たず》ぬるに夫れ、内経（仏典）外書（儒書）日本に伝わりて興り始めし代、凡そ二時あり。みな百済国より将《も》ち来る。軽島豊明宮《かるしまのとよあかりのみや》御宇《にあめのしたしろしめしし》誉田《ほむだの》天皇（応神）の代に外書来り、磯城島金刺宮《しきしまのかなさしのみや》御宇《にあめのしたしろしめしし》欽明天皇の代に内典来るなり」といっているように、文運の起りを述べる場合に必ず引合いに出されるのが習わしとなっている。そこで天慶六年（九四三）に宮中で行われた日本紀竟宴の席で、大内記橘直幹《たちばなのなおもと》は王仁を題にして、

わたつみの千重のしら波こえてこそ　やしまの国にふみは伝ふれ

と詠んだのである。

しかし、この記事に含まれている個々の具体的な事柄、例えば渡来した博士が王仁という名前であったとか、『論語』と『千字文』を持って来たとか、菟道稚郎子の師となったとかいうことについては、これを証明する根拠は何もないから、全体として

だいたいこのようなことがほぼこの頃にあったとしてもそう不自然ではないということが言えるだけである。

『論語』『千字文』については、従来も問題がなかったわけではない。『論語』が十巻というのは巻数が多すぎるが、これは註を加えた本だったとすれば差支えないとして、問題は『千字文』のほうである。『千字文』といえば中国南朝の梁の武帝（五〇二～五四九在位）が周興嗣に命じて作らせた「天地玄黄、宇宙洪荒……」の『千字文』を考えるのが普通であるが、それでは時代が前後する。そこで最初にこれを疑った新井白石は、王仁が持ってきたのは急就章のような小学の書でそれを『古事記』が間違えたのだろうと考えた（『同文通考』）。また本居宣長は、『千字文』が後に日本で広く普及したために、小学の書の代表として『論語』と並べられたのだろうと割り切った（『古事記伝』）。これに対して谷川士清《ことすが》は、これは魏の鍾繇《しょうよう》が作った「二儀日月、雲露厳霜……」という『千字文』だという説（『日本書紀通証』）を立て、その後これに従うものが多くなった。しかし島田重礼博士は、『千字文』というものは梁の周興嗣に始まるもので、それ以前には存在せず、鍾繇の『千字文』というものは根拠がないことを論じて、白石の急就章の説に賛成された（「百済所献千字文考」）。島田博士の周興嗣に始まるという意見は従うべきもののようであるが、だからといって

『千字文』の代りのものを強いてきめる必要はないし、しようとしても無理であろう。なんといっても宣長の意見が妥当と言わざるを得ない。

さて、このような事実があったとすると、その年代をもっと詳しく考えることができるであろうか。『書紀』の記事のほうを見ると、王仁を迎えに行った人物として、荒田別・巫別の名が出ているが、実はこの名は、少し前の神功皇后四十九年の条にも出ている。それはどういう話かというと、

神功皇后四十六年に、朝廷から斯摩宿弥《しまのすくね》という人を卓淳《とくしゅ》国（弁韓の一国で後の慶尚北道大邱）に遣わしたところ、卓淳王が「甲子の年（前々年）の七月に、百済王の使者の久氐《くて》ら三人がやって来て、東方の日本と通交したいから案内してくれと言ったので、渡海が困難ですぐといっても無理だから、こんど日本の使者が来たら報らせてやると言って帰らせた」ということを報告した。そこで斯摩宿弥が従者を百済に遣わすと、百済の肖古王が深く喜んで、種々の珍宝を見せ、近いうちに使者を日本に送ってこれを献上すると言った。翌年（丁卯）になると、百済王は久氐ら三人を日本によこしたが、そのとき新羅の調使が一緒に来て、途中で百済の貢物と無理に交換してしまったので、これを知った朝廷では新羅の使を責め、翌々年（四十

九年己巳）になって、荒田別・鹿我別《かがわけ》を将軍として、海を越えて新羅を攻めさせた。日本の遠征軍は新羅を撃破して、比自炑《ひしほ》・南加羅《ありひしのから》・㖨国《とくのくに》・安羅《あら》・多羅・卓淳・加羅の七国を平定し、軍を率いて来り会した百済王肖古及び王子貴須《きしゅ》と意流村《おるすき》で落ち合った。

というのである。この記事も、年月や細かい点では疑わしいことが多いが、なにか百済の史料に基づくところがあったらしく、年の干支と話の大すじはかなり信頼できると見られていて、末松保和博士は、丁卯は三六七年で、この年に初めて日本と百済との直接関係が始まり、己巳は三六九年で、この年に日本が画期的な大遠征を行い、その結果、任那が成立したのであろうと考えられた（『任那興亡史』）。この荒田別・鹿我別が応神紀のほうの荒田別・巫別と同じだとすると、この大遠征軍の凱旋のときに王仁をつれて来たのだということになる。つまり、王仁の渡来は百済との関係の開始と同時であり、その年は三七〇年頃ということになるわけである。

　このようなことをすぐに断定するのは危険であり、百済との関係が始まったのちしばらくしてから渡来したと見ておくほうが穏当と思われるが、なおもう一つ、こういう推測をある程度裏付けるに足る材料として、七支《しちし》刀《とう》のことを付け加えておくことにする。

神功紀五十二年（壬申）九月の条に、次のような記事が載っている。すなわち、

さきに始めて日本に来た百済の使者の久氐《くて》が、この年に再びやってきて、七枝刀《ななさやのたち》一口と七子鏡《ななつこ》一面および種々の重宝を献上し、「自分の国の西部に川があって、その源は谷那《こくな》という鉄山から出ており、七日かかっても行けないほど遠いところであるが、この水を飲みこの鉄をとって、将来永く日本に奉りましょう。……」という百済の肖古王の言葉を述べた。

これがもし事実をもとにしたものとすると、それは恐らく上述の己巳の年（三六九）に行われた大遠征の三年後の出来事で、この壬申の年は三七二年ということになる。また、『古事記』の王仁の話のところに「また横刀と大鏡とを貢上した」とあるのも、本居宣長（『古事記伝』）や飯田武郷（『日本書紀通釈』）が言ったように、この七枝刀・七子鏡と同じ事実を指しているとすると、それは『古事記』では、文章の上からいって、阿直岐が来た時のことになっているから、阿直岐はこの三七二年に来たことになり、従って王仁はそれより少し後ということになる。

ところで、これだけでは材料がなんといっても記・紀であるから、あまりあてにならない推測であるが、これについて別の材料があって、それが最近かなり有力な発言権を持つようになった。それは、昔の大和国山辺郡石上郷布留村《いそのかみふる》、今の奈良県丹波市町（現天理市）布留にある有名な石上神宮《いそのかみ》に伝わる「七支刀」である。

石上神宮はまた振社《ふるのやしろ》ともいう。古くから大和朝廷の武器庫だったらしく、それらの武器が神宝として祭られ、物部氏《もののべ》の祖先がその祭りを司った、すなわち武器管理の任に当っていたらしい。もっとも、この管理者については、それを物部連の祖とする説と、物部首の祖とする説があったとみえて、両方の伝えが『書紀』の垂仁天皇三十九年の条に載っている。これは恐らく、はじめ物部連が管理していたが、強大な豪族となるにつれて、部下の小氏（同族ではないであろう）だった物部首がもっぱら管理の任に当るようになったものであろう。大化改新のときに、朝廷ではすぐに民間の武器を収公したが、それらの中には、この神宮に貯蔵されたものがあったらしく、天武紀三年（六七四）八月の条には、忍壁《おさかべ》皇子を石上神宮に遣わして膏油《こうゆ》で神宝をみがかせ、その日に勅して、以前から諸家が神府《ほくら》に貯蔵していた宝物は、皆その子孫に還すように命じた、とある。その後、『日本後紀』によると、延暦二十三年（八〇四）に、石上の神宝の兵仗を帝都（平安京）のある山城国葛野《かどの》郡に移したところ、事故や

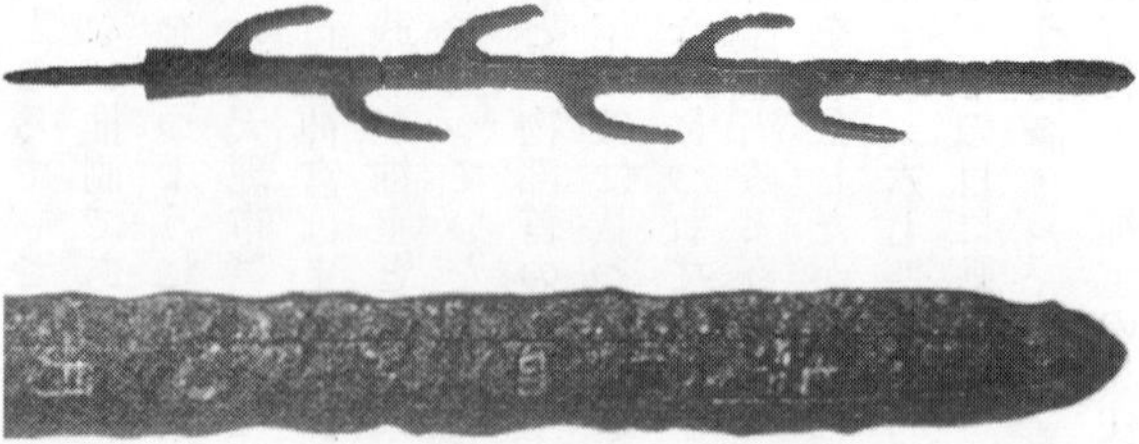

七支刀（石上神宮蔵）

神託があったので、翌年もとのように返納したこと、またこのときに、石上神宮造営に必要な人員として、延べ十五万七千余人という数字が計上されていることが知られるから、その頃もやはり大武器庫だったことがわかる。

この七支刀というのは、鉄製両刃の剣であるが、刃の方向に左右交互に三本ずつの小枝があって、草木の枝のように、斜め上に向って出ており、刀の全長は七五センチメートル、下から一五・七センチメートルくらいのところ（第四枝と第五枝との間）で、上下二つに折れてしまっている。こういう形をしているため、神功紀に見える七枝刀が一つの鞘《さや》に別々の刀を七本さしたような形のものだと考えていた江戸時代の学者は、両方を結びつけて考えることに気がつかなかったが、明治以後になってこの刀が学者の注目をひくようになった。それはこの刀に銘文があるからで、その銘文は中央の幹に当る部分の表に三四字、裏に二七字、金象眼で縦に一行に刻まれている。これも金の剝落《はくらく》や銹《さび》や損傷のために判読が非常に困難で、これをどう読むかについて、いろいろ意見が発表されてきたが、とくに人を納得させるものがなかった。ところが最近になって、福山敏男博士が綿密な調査と研究の結果、次のように読まれ、表は、泰和四年四月十一日の日中正午の時に、百練の鉄で七支刀を某が作ったこと、裏は百済王と太子とが恩を蒙っている倭（日本）王の旨によって造ったが、永く後世に伝わるであろうということを述べたものであろうとされた（「石上神宮の七支刀」『美術研究』一五八・同一六五）。

（表）泰和四年四（五）月十一（六）日、丙午正陽、造百練釒（鉄）七支刀、□（世）辟百兵、宜供供侯王□□□□作

（裏）先世以来、未有此刃（刀）、百済王世子（□）、奇生聖音（晋）、故為倭王旨造、伝不（示）□（後）世

個々の字の読み方には、傍書したような榧本杜人《かやもともりと》氏の異説（「石上神宮の七支刀とその銘文」『朝鮮学報』三）があるけれども、だいたいの文意は変りがない。この解釈の中でとくに重要なのは、今まで泰始四年（西晋）と読んでいたのを泰和（東晋）

と読んで太和四年（三六九）に当てたことであって、それはまさに朝廷の最初の朝鮮大遠征の年に当っている。従ってもしこの判読が正しいとすると、神功紀の記事と結びつけて、この刀は日本百済間の交渉開始と深い関係の下に作製され、作られてから三年後に百済から朝廷に献上されたと考えることが可能になり、従ってまた、阿直岐や王仁の話が一段と本当らしくなってくるのである。

すなわち、阿直岐が百済から来たのは三七二年の頃、王仁が来たのはそれより少しあと、という推測がかなり現実性を帯びてくるわけである。とはいっても、はっきりそう言い切れるほど確かなことではないし、阿直岐とか王仁とかいう名前の人が実在したかどうか証明の方法は全くない。しかし、以上のようなことを頭において考えると、文氏の歴史が帰化人の歴史とともに古いという可能性は大いにあると言ってよいであろう。

王仁の話についてこのように多くの筆を費やしたのは、一つには、最も由緒の古いと思われる西文氏の発祥を、少しでもはっきりさせたかったからにほかならない（『日本書紀』では秦《はた》氏の祖のほうが先に渡来したことになっているが、あとで述べるように、これはかなりあやしい）。それはまた、帰化人の歴史全体から見ても、その出発点をなすものである。ところがこれだけ由緒があり、また大きな地位を占めていたと思われる氏にもかかわらず、その後、史上にほとんど活躍のあとを印していない。それは意外なほど不振であって、八世紀に入る頃までに正史に名前を残すものと言えば、例の田辺伯孫の土馬の話に出てくる書首加竜のほかでは、斉明天皇二年（六五六）に遣高麗使の中判官となった河内書首（名前はわからない）と文忌寸禰麻呂《ふみのいみきねまろ》およびその子馬養《うまかい》の三人に過ぎないのである。

禰麻呂は、『日本書紀』の壬申《じんしん》の乱（六七二）の記事に書首根麻呂として出てくる。同年六月、大海人《おおあま》皇子（天武天皇）が突然吉野の引退所を出て東国に向ったとき、皇子に従って出発した二十余人の舎人の中に彼の名が見えている。翌年彼は村国《むらくにの》連男依《むらじおより》らと数万の軍を率いて不破の関を越え、美濃から近江に攻め込んで大津宮の朝廷軍をうち破り、天智天皇の後継者大友皇子を自殺させた。その功によって、のちに食封一百戸を与えられ、また功田八町を与えられ、中功として、子の馬養に伝えられた。生前に左衛士督《かみ》に任ぜられ、慶雲四年（七〇七）九月二十一日に死んで、正四位上を贈られたことがわかっている。

江戸時代の末、天保二年（一八三一）の九月に、今の奈良県宇陀郡内牧村大字八滝小字笠松（現宇陀市榛原区）の地で、八滝村の農夫が禰麻呂の墓の埋葬品を掘り当てた。それは硝子製の骨壺と、骨壺を入れる銅製の容器と、銅板（短冊形、縦二六・一センチメートル、横四・三センチメートル、厚さ〇・二センチメートル）の墓誌で、墓誌は、その表側に次のような銘文が二行に刻まれている（東京国立博物館蔵）。

壬申年将軍左衛士府督正四位上文禰麻
呂忌寸、慶雲四年歳次丁未九月廿一日卒

この禰麻呂の活躍といえども、それは武功であって、西文氏本来の面目である文事の方面では、伝統の俤《おもかげ》が全く失われてしまっている。これは恐らく六世紀後半以後、王辰爾の一族である船・白猪（葛井《ふじい》）・津などの諸氏によってそのお株を奪われてしまったためであろう。それは、のちに述べるような王辰爾一族の活躍とくらべてみれば、一目瞭然《りょうぜん》である。

とはいうものの、これ以外に西文氏の動静が全くわからないわけではない。この氏から分岐したものとして、馬首《うまのおびと》（のちに武生《たけお》宿禰）・桜野首・栗栖《くるす》首・高志《こし》史（のちに古志連）・蔵首などという氏があったことが知られる（『続日本紀』『姓氏録』）。これはすべて天武朝の改姓以前に分れたものであろう。また、これらの氏が河内国古市郡、今の大阪府南河内郡古市町（現羽曳野市）西琳寺付近の近接した地域に居住し、互いに密接な精神的・生活的関係を持っていたことも明らかにされている（井上光貞氏「王仁の後裔氏族と其の仏教」『史学雑誌』五四ノ九）。

　西琳寺というのは、これら西文氏一族の氏寺だったもので、鎌倉時代になって書かれた西琳寺縁起によると、この寺の宝蔵に古くから金銅の阿弥陀仏像が安置されており、その銘文には、書首大阿斯高《おおあしこ》とその子の支弥高《きみこ》が発願し、書首栴檀高《せんだんこ》・土師連《はじのむらじ》長兄高《ながえこ》・書首羊古・書首韓会古の四人が堂塔を造り、また斉明天皇五年（六五九）正月にこの仏像を造ったということが書かれてあったという。これによると、大化前後に存在した五人の人名が新たに追加されるわけである。またこの時期は、中国における浄土教流行の影響をうけて、阿弥陀信仰が日本に入ってきたばかりの頃であって、西文氏が早くもこれに対する反応を示していることが知られるのである（井上氏同論文）。

　従って七世紀の頃には、まだ知的な生活態度や大陸文化受容能力といったような、伝統的な特殊性をある程度持っていたことがわかる。しかしその不振は覆いがたく、爾麻呂一人の武功だけではどうにもならなかったらしい。天武朝の改姓に当っては、それでも天武天皇十二年（六八三）九月に秦《はた》氏らと共に、船氏より一歩さきに連姓を与えられ、続いて同十四年（六八五）六月に、倭漢《やまとのあや》氏・秦氏など十氏と並んで、忌《いみ》寸《き》の姓を与えられた。これは、天武の改姓が、どちらかというと伝統的な家柄と、古くから朝廷を構成していた諸氏の立場とを尊重して行われたからであろう。

忌寸は、いうまでもなく、八色《やくさ》の姓といわれる真人《まひと》・朝臣・宿禰《すくね》・忌寸・道師《みちのし》・臣・連・稲置《いなぎ》のうちの第四の姓である。伊美吉と書かれることもあるが、その語義については、納得できるような説はない。中臣忌寸連という氏姓があるから、たぶん尊称として古くからあった言葉であろう。

しかし、その後も八世紀の間、これという人物も現れず、奈良時代の末になって船・葛井・津などの諸氏が、王仁の伝説にそっくり真似たような先祖の由来をかかげて、宿禰に改姓することに成功すると（このことは、あとでまた少し詳しく見ることにする）、そのあとを追って延暦十年（七九一）四月に文・武生両氏が、王仁の遠祖は漢の高帝の子孫だと称して改姓を乞い、その結果、宿禰を与えられた。文宿禰の一部が間もなく浄野《きよの》宿禰と改姓したが、九世紀以後になると、この氏について言うべきことはほとんどない。彼らが宿禰姓を獲得するために作り出した王仁の遠祖についての系譜は次のようなもので、これは六年前（延暦四年）に宿禰になった東文氏に対してというよりは、三ヵ月前に宿禰姓を許された船氏らに対する対抗意識から作り出されたものであろう。そこには彼らの最後のはかない努力のあとがうかがわれる。

漢の高帝の後を鸞《らん》という。鸞の後の王狗《おうく》、転じて百済に至る。百済の久素王《くそおう》の時、聖朝使を遣わして文人を徴召す。久素王すなわち狗の孫の王仁を以て貢す。これ文・武生らの祖なり。（『続紀』）

5　東漢氏（一）

西文氏と併称される東文氏は、文直《ふみのあたえ》（書直とも書かれる）と称したが、実は元来、独立の氏ではなく、東漢《やまとのあや》氏が多くの氏に分裂したうちの一つである。この場合は分裂であって、東漢氏の宗家から出た分家というようなものではない。ところが、普通はこの関係がよくわからないで、文氏は東漢氏の宗家であるとか、分家であるとか、あるいは文氏と東漢氏とは全く別の氏であるとか、いろいろに言う人がいるが、みな誤りである。

東漢氏は倭《やまとの》漢氏とも書かれ、姓（カバネ）は直であった。だから天武朝の改姓以前に分裂した同族はすべて直姓である。同じく漢氏と称するもので、西《かわちのあや》漢氏というのがあり、やはり直姓であるが、東漢氏と同族かどうか不明で、あまり発展もしなかった（西漢氏と西文氏が無関係であることは、だいたい間違いない）。

これに対して東漢氏は、朝廷における活動からいっても、社会的・経済的な勢力からいっても、また一族の発展の状態からいっても、恐らく古い帰化人のうちで第一に指を屈すべきものであろう。ただ六世紀以前については、例によって確かなことがほとんどわからないから、それを詳しく考えようとすると、非常に面倒な考証が必要になってくる。しかしそういう考証を一々述べるのは繁雑でもあるし、私がかつて発表した論文（「倭漢氏の研究」『史学雑誌』六二ノ九）があるので、詳しいことはそれに譲って、ここでは、その結果に基づいて、この氏の歴史を概観することにする。

漢氏の祖先については、有名な阿知使主《あちのおみ》の伝えがある。使主《おみ》というのはもとは敬称であろうが、その語源はあまりはっきりしない。のちには姓（カバネ）にもなっており、使主の姓をもった氏で出自のわかるものは、たいてい帰化系らしい。

阿知使主については、『古事記』の応神天皇の段に「この天皇の世に漢直の祖が渡来した」とあり、また履中《りちゅう》天皇の段に「倭漢直の祖阿知直」とあるが、『日本書紀』ではさらに詳しく、応神天皇二十年九月の条に「倭漢直の祖阿知使主とその子の都加《つかの》使主《おみ》が、己れの党類十七県を率いて来帰した」と記されている。つまり記・紀が編纂された八世紀初頭には、漢氏の祖先は阿知使主という人で、応神天皇のときに、子の都加使主とともに、十七県の人民を引きつれて来た、という伝えがあったことがわかるわけである。

この中で注意すべきは、阿知使主がどこの国の人で、どこから渡って来たかというようなことは、何も言っていないことである。これは漢室の後裔《こうえい》だとか、楽浪《らくろう》・帯方《たいほう》にいたなどという伝えが、かなり後になって作られたものであることを物語るもののようである。また十七県という多数の人民を引きつれて来たというのはちょっと考えにくいことで、非常に多数の部民を従えるようになった後世の状態から逆に作り出された伝えであろう。

それでは、応神天皇のときに来たという点はどうかというと、これも疑えばいくらでも疑えるが、その可能性はまあ大きいといってよいであろう。応神天皇といえばだいたい四世紀末か五世紀のごく初めに当るであろうが、その頃こういうことがあっても別に不都合ではない（もっとも、二十年九月というような年月はもちろんあてにならない）。また、漢氏は帰化人の中でも、最も大きな地歩《ちほ》を占めて早くから発展した氏だから、その渡来を帰化人の歴史の開始期におくのは、西文氏の場合と同様にむしろ自然である。文筆の業を職務としていた氏である以上、早くから何か自分の家に関する記録をつくっていたにちがいないから、古い伝えが、他の一般の氏よりも信頼できるという点も西文氏の場合と同様である。

この程度の理由で可能性が大きいというだけであるから、記・紀の記事が全然信用できないと言われればそれまでで、この氏の由来については、全く手掛りがないことになるわけであるが、しかし諸般の事情から推して、応神天皇の頃に帰化してきたというくらいは今のところ認めてもよいのではないかと思われる。

しかし、阿知使主とか都加使主とかいう名前になると問題で、そんな具体的なことまで簡単に認めるわけにはいかない。記・紀には、この両名が応神天皇の末年に呉《くれ》の国（華南の地を指す。年代からいうとだいたい中国南朝の東晋か宋の頃にあたる）に遣わされて縫織の工女をつれて帰ったという話があり（この話については、後でまた触れる）、次の仁徳天皇の死後に、阿知使主が履中天皇の危急を救った話があり、また蔵官に任じられて粮地を給せられたという記事がある。

『古事記』によると、伊邪本和気《いざほわけ》命（履中天皇）が難波の宮で大嘗の宴で酒に酔って眠ったときに、弟の墨江中王《すみのえのなかつ》がこれを殺そうとして御殿に火をつけた。このとき倭漢直の祖の阿知直が、伊邪本和気命を盗み出して馬に乗せ、倭（大和）に逃げた。途中、多遅比《たじひ》野まで来たときに目がさめて、「ここはどこか」ときいたので、阿知直がそのわけを話した。ということになっている。真偽のほどは不明であるが、もし事実とすると、彼の本拠は大和にありながら難波の宮に出仕していたものらしく、その地位も相当なものだったことになる。

平安時代のはじめ、九世紀初頭に書かれた『古語拾遺《こごしゅうい》』によると、三韓の貢献が世々絶えず、皇室の財物が豊かになったので、斎蔵《いみくら》の傍らに内蔵《うちつくら》を建て、阿知使主と王仁とに内蔵の出納を記録させ、初めて蔵部《べ》を置いたという。

また都加使主については、雄略天皇のとき百済からつれてきた今来《いまき》の才伎《てひと》（新参の手工業技術者）の陶部《すえつくり》高貴・鞍部《くらつくり》堅貴・画部《えかきの》因斯羅我《いんしらが》・錦部《にしごりの》定安那錦《じょうあんなこむ》・訳語《おさ》卯安那らを東漢直掬《つか》に管理させたという記事があり、また雄略天皇が臨終に、とくに大連の大伴室屋《むろや》と東漢直掬とに遺言して、白髪《しらが》皇子（清寧天皇）を立てることを託したが、天皇が死ぬと星川《ほしかわ》皇子が皇位に即《つ》こうとし、母の教えに従って大蔵を占拠して思うままに財物を使用したので、室屋と掬は兵を発して大蔵を囲み、火を放って星川皇子らを焼き殺したという話がある。

これらの話は、もちろんみなそのまま信じるわけにはいかない。応神天皇の代から雄略天皇の死までというと、多分すくなくも六、七十年以上はあるから、同一人物の都加使主（掬直）がずっと活躍しているというのもおかしい。しかし、漢氏の祖先が渡来してから一、二代の間に文筆・財務・外交などに携わり、またあとから渡来した手工業技術者を部下に従えて、朝廷の中でかなりの地歩を占めるようになったらしいということは、漠然と想像できるであろう。雄略天皇の時に漢部《あやべ》を集めて漢氏をその伴造にし、直の姓を与えたという『日本書紀』の記事も、分散していた漢氏の人民を再び集めたのではなく、この時はじめて漢部が置かれたと解すれば、この頃にそういうことがあっても不自然ではないと思われる。

さて、漢氏の祖は、五世紀の半ばには、すでにその地位を確立したと思われるが、やがて多分五世紀の末ころまでに、まず三つの家に分れたらしい。後世これを兄腹・中腹・弟腹と呼んでいるが、そのうちどの腹《はら》が本家でどの腹が分家だという差別はなく、お互いにいわば対等の立場で分れたもののようである。そうしてその次の代にもまた分裂が続き、六世紀に入ってから多くの家が成立していった。阿知使主は大和国高市《たけち》郡明日香村檜前《ひのくま》に居地を与えられたという伝えがあるが、分裂してできた家々の名前を見ると、文氏のような職務を示す名前を除くと、高市郡の地名らしいものが多いから、分裂が進行しはじめた頃には、すでに飛鳥地方の南部に根を下ろしていたものであろう。

漢氏関係の系図のうちで、一番古くて確からしいのは、『続群書類従』に収めてある坂上《さかのうえ》系図である。これは恐らく貞観の頃（九世紀半ば）に坂上氏の手で作られて、その後しだいに書き継がれたものと思われる。これが比較的確からしいというのは、『新撰姓氏録』の原形をもとにして作られているからである。現在残っている『姓氏録』は原形そのままではなく、非常に簡単な省略本であるが、坂上系図は『姓氏録』の原形の坂上氏の項、すなわち「坂上大宿禰本系」に書かれていた内容を利用しているのである。それによると、古いところの系図は次のようになっている。

漢高祖皇帝―石秋王―康王―阿智王―都加使主《つかのおみ》

- 山木直《やまき》（兄腹）
- 志努直《しぬ》（中腹）
  - 阿素奈直
  - 志多直
  - 阿良直
  - 刀禰直
  - 鳥直
  - 駒子直
    - 甲由直
    - 糠手直《あらて》
    - 弓束直―老連―大国―犬養―苅田麻呂―田村麿
    - 小桙直
  - 韋久佐直
- 爾波伎直《にわき》（弟腹）

これは『姓氏録』をもとにしたものだから、古いところはもちろんそうあてになるものではない。老連というのは、壬申の乱に活躍した坂上老で、老から以後は実在の人物であるが、使主から老まで少なくとも二百年以上はあるのに、その間がたった三世代というのは明らかに不合理だし、阿智王以前の系譜は言うまでもなく作りごとである。しかし、渡来後間もなく三腹に分れ、続いてさらに多くの系統に分れている点は、事実を反映していると見てよいであろう。

腹《はら》という称呼は、他にもいくつか例がある。同じ帰化系では秦氏が数腹に分れ、その中に田口腹・川辺腹というのがあった。帰化系以外では、武内宿禰の子孫が蘇我氏をはじめ多くの氏になったと伝えられているが、それらの氏が八腹に分れており、豊城入彦命の子孫と称する諸氏が東国で六腹に分れ、また土師《はじ》氏が四腹に分れて、その中の一つに毛受《もず》腹というのがあった。こういう腹の区分は一度できると、その後いくら再分裂して多数の氏ができても、それらの氏は同じ一つの腹に属するという意識を持ち続ける。だから、本居宣長は「腹は氏族《うじ》のこと也。宇遅《うじ》もしくは宇賀良《うがら》など訓《よ》むべし」といったが、腹と氏とはややちがうものである。また、同腹の氏の間の連帯性はそう強いものではなく、社会的にあまり大きな意義や機能を持っていたとは思われない。

このような漢氏の発展の基礎となったのは、漢人《あやひと》と漢部《あやべ》である。これらについては、あとでまた少し詳しく見ることにするが、漢部というのは要するに漢氏の部民で、はじめは朝廷から与えられたいわゆる職業部、すなわち手工業など漢氏が職務を遂行するのに必要な品部が主だったたであろうが、しだいに純然たる私有民、すなわち部曲《かきべ》も増加していった。また漢人というのは、中国人と称して漢氏よりあとから渡来した帰化人で、漢氏の部下になり、小さい氏を形づくった人々である。彼らのうちには特殊技能をもっているために品部の指揮者となったものもあれば、単に漢氏の部曲の管理に当ったものもあるであろう。

漢氏がこのように一族以外の帰化人を多く部下にとり込むことができたのは、一つには朝廷が外来技術を保護育成することに熱心で、それに都合がよいように技術者を組織しておこうとしたためであろうが、漢氏の一族が強い血縁関係で結ばれた封鎖的な結合体ではなかったことも大いに与《あずか》っている。日本の一般の氏では、血縁観念が非常に強く、従って排他的であるから、仲々そうはいかない。しかし漢氏は、対等の立場で分裂していったことでもわかるように、事実上は同族であっても、同族意識があまり強くなく、極めて開放的であった。そのため比較的容易に、というよりもむしろ積極的に、異姓の帰化人を包容していったわけである。こういうところに帰化人の氏の一つの特徴が見られると言ってもよいであろう。

特殊な技能を持った新来の帰化人を包容してゆくことは、文化技術の担当者として、本領を発揮した発展の仕方であった。それが著しく進行したのは、恐らく六世紀の前半であろう。ところがこのことが、かえって漢氏の本来の面目を失わせる結果を招いた。漢氏の祖先が本当に中国人であり、楽浪・帯方の遺民だったとすれば、その持っていた文化の源流は漢・魏から出たものだということになるが、もしそうでなくとも、古く持ち込まれたものが、時代とともに次第に旧式化するのはやむをえない成り行きである。

五世紀以来、朝廷と中国南朝との直接交渉も行われたし、南朝の文化が百済などを通って日本に入ってくるようにもなった。新来の帰化人も、そういう新しい文化・技術を身につけた者が渡来するようになった。そうなれば漢氏は、文筆・財務・外交・手工業その他すべてにわたって、実際の事務を部下に委ねて、自分はその上級監督者にならざるを得ない。すなわち実務からの遊離という現象が起ってきたのである。この事実は史料の上にはっきりとうかがわれるといってよいであろう。六世紀後半以後、『日本書紀』の記事などがかなり信用できるようになってから後、漢氏の人々がそういう独特の専門分野で活躍している様子は、文献の上にほとんど現れて来ないからである。これは大きな変化であって、その転換の時期は、ちょうど西文氏と船氏一族の勢力交代の時期と一致しているのである。

6 東漢氏（二）

六世紀後半を境に、漢氏は新しい途《みち》を歩み始めた。専門の業務からはますます離れていった。それとともに分裂が進んで氏の数もどんどんふえてゆき、私有の漢部も急速に増大した。専門業務に直接携わらなくなったとは言え、多数の帰化人を部下に従え、進んだ諸種の技術を握っていた彼らは、すでにかなりの財力を貯えていたであろうから、その経済力は相当なものであった。この頃になると皇居がたいてい大和平野の南部、ことに飛鳥地方に位置を占めるようになってくる。それは漢氏の経済力が皇室の背景になったからだという説があるが、両者の関係を具体的につきとめることはむつかしい。しかし、皇居の所在地はなんといっても朝廷の政治的中心地であり、その背後一帯に漢氏の一族が散開しているのだから、その経済力が、なんらかの形で朝廷の動きにかなり影響を及ぼしていたことは間違いない。

その上、漢氏は武力においても相当なものだったらしい。もちろんこれは一族を中心とした私兵であるが、朝廷の古くからの軍事制度であった大伴氏や物部氏などの世襲的な旧式軍隊にくらべれば、装備も戦闘力もすでにこれらを凌駕《りょうが》しはじめていたであろう。多数の部下の中から充分な兵力を構成できたであろうし、金工・革工などの技術をもって、優秀な兵器・武具をそろえることも容易であったし、また良馬の飼育・調教にも長じていたらしい。馬と関係が深いことは帰化人全般についても言えることで、古代における乗馬の普及は恐らく帰化人の大きな功績の一つであろう。

このような財力・武力を基礎にして、漢氏一族は押しも押されもしない有力豪族となった。伝統的地位や社会的な家柄、あるいは神話伝統に基づく精神的権威、そういう点では日本の在来の有力な氏にとても及ばなかったけれども、実質的な、人的物的な実力においては、無視できない存在となった。当時は中央の豪族の抗争がはげしく行われていたときだったから、専門職から離れたそういう存在が、政治の舞台に活躍しはじめるのは、自然の成り行きといってよい。

彼らはまず蘇我氏と結びついて、皇室に敵対する動きを示したが、大化改新から壬申の乱にかけての約半世紀にわたる政治変革期を経て、結局律令国家の貴族の一員となっていった。その歩みはもはやほとんど帰化人としての特色をもたないものであったが、しかし漢氏といえばなんといっても帰化系の氏の一つの典型であり、その歩みは帰化人全体の歴史をある点まで代表しているのであるから、そういう意味で、以下ここでは彼らの六世紀後半以後の動静をたどることにする。

漢氏の分裂の実際の状況はよくわからない。六世紀に入る頃から分裂は始まっていたと思われるわけであるが、七世紀の末頃までに文献に現れる枝氏というと、次のような諸氏がある。

川原民直《かわらのたみのあたえ》・池辺（溝辺）直・坂上《さかのうえ》直・書（文）直・押坂《おしさか》（忍坂）直・長直・荒田井直・山口直・草《かや》（蚊屋）直・民直・大蔵直・路《みち》直・倉墻《くらかき》（蔵垣）直・谷直・長尾直・宇閇《うへ》（於）直・調《つき》伊美吉・国覓《くにまぎ》忌寸

もちろん、実際にはこれより多かったであろう。かれらは天武朝の改姓以前はすべて直姓を称しており、それぞれだいたい独立した氏となっていたようであるが、一括して東漢氏あるいは倭漢氏と呼ばれることも多かった。同一の人物が、時によって例えば、荒田井直比羅夫《あらたいのあたえひらふ》とも倭漢直荒田井比羅夫とも書かれ、また単に漢直比羅夫とも書かれている。その行動も、とくに団結が固いという様子はないが、ある程度歩調を合せているようなこともある。分裂であるから、単に漢直とだけ称する宗家が別にあったわけではないし、これらの諸氏の中のどれが宗家だったわけでもないらしい。従って日本の一般の氏のような強い血縁的な結合原理が働いていたとは思われないが、一族の間にどういう組織があったかはあまりはっきりしない。

坂上系図には前に言ったように『姓氏録』の文章が引用されているが、その引用文の中には、漢氏から分れた氏として、次の約六十に及ぶ名が並べてある。

民忌寸・檜原《ひばら》宿禰・平田宿禰・平田忌寸・栗村忌寸・小谷《おたに》忌寸・民忌寸（伊勢国奄芸郡）・軽《かる》忌寸・夏身《なつみ》忌寸・韓国《からくに》忌寸・新家忌寸・門《かど》忌寸・蓼原《たではら》忌寸・高田忌寸・国覓忌寸（陸奥国新田郡）・田井忌寸・狩《かり》忌寸・東文部忌寸・長尾忌寸・檜前《ひのくま》直（大和国葛上郡）・谷宿禰・文部谷忌寸・文部岡忌寸・路忌寸・路宿禰――以上廿五姓兄腹（山木直の後）

田部忌寸・黒丸直・於忌寸・倉門忌寸・呉原《くれはら》忌寸・斯佐《しさ》直・石占《いしうら》忌寸・国覓忌寸・井上忌寸・石村《いわれ》忌寸・林忌寸・郡《こおり》忌寸・榎井《えのい》忌寸（大和国吉野郡）・河原忌寸・忍坂忌寸（大和・河内国等）・与努《よの》忌寸・波多忌寸・長尾忌寸・畝火《うねび》宿禰・荒田井忌寸・蔵垣《くらかき》忌寸・酒人《さかひと》忌寸・坂上忌寸・蚊屋《かや》宿禰・蚊屋忌寸・坂上大宿禰・坂上忌寸（参河国）・白石忌寸――以上中腹（志努《しぬ》直の後）

山口宿禰・文山口忌寸・桜井宿禰・調《つき》忌寸・谷忌寸・文宿禰・文忌寸・文忌寸（大和国吉野郡）・文忌寸（紀伊国伊都郡）・文池辺忌寸――以上八姓弟腹（爾《に》波《わ》伎《き》直の後）

これは九世紀の初め頃に、坂上氏が自分の同族と称して書いたものであるから、この中にはかなり後になってから分れたものや、実は同族でないものも当然含まれている。

また、ここに見えるもののほかに、漢氏から分れたと思われる氏で、内蔵《くら》宿禰・佐太宿禰・木津忌寸・高安忌寸（以上『姓氏録』）・長忌寸（『万葉集』）・大蔵宿禰・民宿禰（『続日本紀』）などがあるから、全部を網羅しているわけでもない。ただどういう枝氏があったかだいたいの見当をつけるには役に立つであろう。

さてこれらの枝氏の人々は、どういう動きを示しているであろうか。さきに、政治の舞台で活躍しはじめると言ったが、さすがに伝統の名残りで、文化技術方面の活動もある程度見られる。その一つは、仏教関係の仕事であるが、これは信仰そのものというよりは、主に技術的な面であり、また蘇我氏と関係のある仕事が多い。蘇我氏と私的なつながりが深かったために、これに奉仕させられたのであろう。

敏達天皇十三年（五八四）に鹿深《かふか》臣と佐伯連がそれぞれ仏像一体を持ち帰ったとき、池辺直氷田《ひた》は、大臣の蘇我馬子の命をうけて、司馬達等《しばたつと》と共に仏道を修行したことのある者をたずね求め、播磨国にいた高麗恵便《こまのえびん》という還俗《げんぞく》者をさがし出した。馬子は恵便を師とし、これによって、わが国最初の出家として、三人の尼を得度させることができたという（敏達紀）。

崇峻《すしゅん》天皇元年（五八八）に馬子が百済から仏舎利を求め、僧・寺工・鑪盤師・瓦師・画工等を招いて、法興寺を造り始めたとき、山東漢大費直麻《やまとのあやのおおあたえま》高垢鬼《こくき》と、同じく意《お》等加斯《とかし》がその指揮に当った（元興寺露盤銘）。費直あるいは費と書くのは古い用字法で、いつから直と書くようになったかは不明である。

推古天皇三十年（六二二）二月に聖徳太子が死去したとき、その妃の橘大郎女《たちばなのおおいらつめ》が太子の死を悲しみ慕って造らせた天寿国繡帳《てんじゅこくしゅうちょう》の画をかいた者として、東漢末賢《まけん》・高《こ》麗加西溢《まのかせいつ》・漢奴加己利《あやのぬかこり》の三人の名が繡帳の銘文に記されている（『法王帝説』）。

舒明天皇十一年（六三九）百済大寺《くだらのおおでら》の造営が始まったが、このとき書直県《あがた》が大匠すなわち工事の指揮者だったという（舒明紀）。

皇極天皇三年（六四四）に長直（名は不明）は大臣蘇我蝦夷の命をうけ、大丹穂山に桙削《ほこぬき》寺を造ったという（皇極紀）。

白雉《はくち》元年（六五〇）に漢山口直大口が詔を奉じて千仏の像を刻んだという（孝徳紀）。この大口は法隆寺の金堂にある四天王のうち、広目天の光背銘に「山口大口費上而次木閇二人作也」とある大口費《あたえ》と同一人物で、当時の有数な仏師だったと考えられる。

その二は外客の接待、海外派遣など、広く言って渉外関係の仕事であって、これもやはり漢氏の伝統の然《しか》らしめるところであろうが、しかし第一線の活躍といえるほどのものではない。

外客接待役の例としては、例の高句麗上表のときに、東漢氏直糠児《あらこ》が使節の出迎えの任に当り、東漢坂上直子麻呂が相楽の客館の守護に当っている（欽明紀）。また、舒明天皇の死（六四一）に対して百済から弔問使が来たとき、倭漢書直県《あがた》ら三人が、当時乱れていた百済の国情を聴取するために、使者の許に遣わされている（皇極紀）。

また海外派遣の例として、まず最初の遣隋留学生となった倭漢直福因がある。彼は推古天皇十六年（六〇八）に大使小野妹子に随《したが》って渡航し、同三十一年に新羅の使者に送られて帰国したが、留学の成果や帰国後の活動については、全くわからない（推古紀）。次は書直麻呂で、白雉五年（六五四）に遣大唐押使高向玄理の下に判官として渡唐し、翌年帰国した（孝徳紀・斉明紀）。また斉明天皇五年（六五九）に唐に遣わされた坂合部石布《さかいべのいわしき》と津守吉祥《つもりのきさ》の一行の中に、東漢長直阿利麻《ながありま》と東漢草直足嶋《かやたるしま》がいた（斉明紀所引伊吉連博徳書）。

その三は技術者としての仕事で、右にあげた造寺・造仏等もこれに含まれるが、その他に次のような例がある。

白雉元年（六五〇）に、倭漢直県は安芸国に遣わされて百済船二隻を建造した（孝徳紀）。

大化改新に続く難波京の造営に際して、工人の倭漢直荒田井比羅夫は、多くの役民を指揮して大がかりな排水工事や造営工事に当った（孝徳紀）。排水工事で大きな失策を犯したにもかかわらず、依然として用いられていたところをみると、比羅夫はこの方面の当時のエキスパートだったらしい。

また倭漢沙門知由《ちゆ》（智踰とも書かれている）は、斉明天皇四年（六五八）に指南車を造り、これを天智天皇五年（六六六）に天皇に献上した。知由は漢氏一族で名の知られる唯一の出家者である。

しかし、大化改新前後頃までの漢氏一族について、特に注目されるのは、やはり皇室と対立する蘇我氏の側に立って行動した政治面での動きであろう。それにはまず東漢直駒《こま》の名が出てくる。

広目天像光背銘

広目天像（法隆寺蔵）

当時はすでに蘇我氏が朝廷の実権を握っていた。六世紀に入ってから、政権は大伴氏から物部氏へ、さらに物部氏から蘇我氏へと移ってきたわけであるが、大臣《おおおみ》蘇我馬子は、五八七年に用明天皇が死んだとき、聖徳太子をはじめ多くの皇族・諸氏を味方にして、政敵の大連物部守屋《もりや》を攻め亡ぼすことに成功してから、自分の甥《おい》の崇峻天皇を立てて、誰に遠慮することもなく政治を動かしていた。法興寺の建立も始まり、仏教奨励政策も進められていた。しかし、皇室以外の特定の氏が専制的な強権を振るうことに対して、一般の中央豪族の反感はしだいに強まってきていたし、朝鮮対策の失敗以来、朝廷の体制を皇室中心に建て直そうという気運も生じはじめていた。

そうなると、蘇我氏の態度もいきおい強圧的に傾くことになり、崇峻天皇も、馬子に対して反感を抱くようになった。馬子もこれを機敏に感じとっていたのであろう。崇峻天皇四年（五九一）に、任那を復興するためと称して、紀《き》男麻呂・巨勢《こせ》猿・大伴嚙《くい》・葛城烏奈良を大将軍とし、臣・連の諸氏を副将とする二万余の軍隊を西下させ、この中央軍が筑紫に居る間に、翌年人を使って天皇を殺してしまった。

このときの下手人が東漢直駒で、ある伝えでは東漢直磐井《いわい》の子だというが、漢氏のどの枝氏に属する者かわからない。しかし『日本書紀』には、馬子が儻者《やからひと》を招き聚《あつ》めて天皇を弑《しい》せんことを謀ったとあり、この儻者すなわち仲間・子分というものの中に、漢氏一族が多数参加していたのではないかと思われる。このあと馬子は、駅使を筑紫の将軍の所に送り、「内乱によって外事を怠るな」と命じて朝廷軍の帰還をおさえておいて、前から大義名分の旗じるしになっていた敏達天皇の皇后の豊御食炊屋姫《とよみけかしぎやひめ》すなわち推古天皇を立てた。天皇は即位すると間もなく甥の聖徳太子を摂政にして政治をとらせ、これからいわゆる太子の新政、すなわち蘇我氏と一面で協調しながら、しかも天皇の地位を強化しようという苦心の政治が始まるのである。

ところで下手人の駒は、馬子の娘で崇峻天皇の嬪《みめ》（夫人の一種）になっていた河上娘《かわかみのいらつめ》を盗み出して、自分の妻にしていたことが間もなく露顕して、馬子のために殺された。しかしこれらの話から、漢氏が蘇我氏といかに深く私的な関係を結んでいたかがうかがわれる。このの ち推古天皇二十八年（六二〇）に、檜隈陵《ひのくま》の表面を小石で葺《ふ》き、陵の周囲に土を盛って山を作り、諸氏に命じてその土の山に大柱を建てさせたところ、倭漢坂上直が建てた柱がすぐれて高かったので、時の人が名づけて大柱直《おおはしらのあたえ》と呼んだという話がある（推古紀）。檜隈陵というのは蘇我稲目《いなめ》の娘で推古天皇の母だった堅塩媛《きたしひめ》の墓だから、これも坂上直が蘇我氏との私的な関係から、非常にふんぱつして大きい柱を建てたものであろう。

駒が天皇を殺したについては、彼が帰化人の子孫だから、日本の国がらを弁《わきま》えなかったためだという説明がふつう行われてきた。国がらというようなことはともかくとして、帰化人が一般の氏の人々よりも、皇室の精神的・宗教的権威を強く感じなかったことは確かであろう。ことに漢氏一族は、各枝氏が互いにかなり対等の立場で結びついている集合体で、本家分家の関係というような血縁的結合原理が非常に弱い。従って、諸氏の祖先神が皇室の祖先神を中心とする一つの体系的神話の中に組み込まれ、そういう神話的・血縁的な観念の下に、諸氏が皇室を特別なものとして尊崇するというような空気の中には、仲々はまり込んでゆくことができなかったのであろう。

また従って、漢氏一族を結びつけていたものは基本的には現実の諸関係、すなわち力関係や利害関係であり、実力が物を言うような性質の結合を形づくっていたと思われるから、現実の最高権力者である蘇我氏を主人と仰いでこれに忠誠をつくしたのは、ある意味で自然のことと言えるであろう。

こうして七世紀に入り、やがて聖徳太子の時代が過ぎると、大臣蘇我蝦夷《えみし》は再び全権を握り、太子の子の山背《やましろ》大兄王をしりぞけて舒明天皇を立てた。しかし改革の気運はいよいよ高まり、蘇我氏に対する一般の反感はますます深くなった。蘇我氏の強圧的な態度もそれに伴って強まり、皇極天皇の代に入ると、蝦夷の子の入鹿《いるか》は、山背大兄王を攻め滅ぼすという強行手段をとり、政界の不安は極度に達した。すでに中大兄皇子や中臣鎌足の改革運動はひそかに進められていた。この最後の段階で、蘇我氏の股肱《ここう》としての漢氏一族の動きが、鮮明に映し出されてくるのである。『日本書紀』には、この時期の蘇我氏の様子を次のように書いている。

蘇我大臣蝦夷と子の入鹿は、家を飛鳥の甘檮岡《あまかし》に並べて建て、大臣の家を「うえのみかど」、入鹿の家を「谷のみかど《はさま》」と呼び、自分の子女を「王子《みこ》」と呼んだ。家のそとには城柵を作り、門の傍には兵庫《やぐら》を作り、門ごとに水を容れた舟一つと数十の鉤を置いて火災に備え、常に力人に武器を持って家を守らせた。また更に畝傍《うねび》山の東に家を建て、池を掘って城のようにし、兵庫を建てて矢を貯えておいた。常に五十人の兵士にとりまかれて出入した。漢直らはもっぱら二つの家に勤仕した。

これはやや誇張して書いた形跡もあるが、漢氏の一族がもっぱら蘇我氏に忠勤を抽《ぬき》んでていたことは、その通りであろう。ところが、異常な警戒にもかかわらず、皇極天皇四年（六四五）六月、入鹿は宮中で中大兄皇子たちに殺された。漢直らは早速、一族を全部あつめて武器をとり、蝦夷を助けて軍陣を張ろうとした。しかし、ほとんどの皇族や諸豪族は、法興寺に陣を構えた中大兄皇子の側に味方し、まえに山背大兄王を亡ぼすときに蘇我氏の命令で兵を率いて出向いた巨勢臣徳陀《こせのおみとくだ》さえ、中大兄皇子の旨をうけて漢氏一族を説得に行った。漢直らは形勢の望みのないことを知って四散し、蝦夷は死んだ。こうして大化改新は発足した。

漢氏がこのように深く蘇我氏と結びついた直接の原因は、蘇我氏が満智《まち》のときから三蔵（斎蔵・内蔵・大蔵）を管理したという伝えが示すように、以前から朝廷の財務を掌《つかさど》り、その関係で帰化人たちと縁が深かったためだと言われる。蘇我氏が政権を握るに至ったのは、おもに部下の帰化人たちを利用して、大陸との交易や国内の諸産業、私有地・私有民の開発・経営などの面で、大きな実利を得ていたからだろうというのが普通の見方である。もちろんそれはそれでだいたい間違いないことであるが、しかしもっと広く見れば、次のような事情を考えることもできるであろう。

すなわち、四世紀から五世紀にかけて、朝廷は皇室の強力な指導権の下に、全国制圧の体制を確立し、朝鮮への進出、大陸文化技術の摂取によって、地方勢力を完全に引き離すほど実力を高めた。中央すなわち畿内地方は、諸産業が発達し、生産力が一般に向上し、天皇の名において品部や屯倉が続々と設けられていった。その原動力となったものは主に帰化人のはたらきであった。しかし、五世紀後半、雄略天皇の代を最後として、情勢は変化を生じた。充実した朝廷全体の力を背景にして、六世紀に入る頃から中央豪族の中にとくに強大なものができ、田荘・部曲など、私地・私民の拡張競争が盛んになり、朝廷内部での権力争いが激しくなってきた。これは、皇室の影がうすくなったのであるから、明らかに君主制の後退であるが、しかし朝廷全体としては、決して全国に対する支配力が衰えたわけではない。むしろ逆であって、中央集権的体制がやがて実現される条件は、やはり次第に熟しつつあったというべきであろう。そのために氏姓制度は、国内の政治体制として次第に適合性を失い、いわゆる行きづまりの状態に近づきつつあったけれども、それはむしろ歴史の自然な展開の姿だったと思われる。

私的な支配権をもった豪族が各地に分散して存在し、中央政権が、やや曖昧《あいまい》な形ではあるが中央豪族の集合体で構成されているという氏姓制度の体制は、決して純然たる専制君主制ではないが、それが社会の進展に伴って君主制の要素を弱めてくるのは、日本の地理的・社会的諸条件からすれば、むしろ順当な推移だと考えられるのである。そうしてこのような歴史の展開の基礎として、帰化人の働きが作用してきたわけである。

ところがそこへ、任那の喪失からさらに隋唐の出現という新しい事情が加わってきたため、急速に体制を改革して国力を集中する必要が生じ、ここに再び君主制強化の気運が起ってきたのであるから、古い帰化人の代表である漢氏の一族が、これに反発するのもある意味で自然の成り行きであろう。もちろん、氏姓制度の行きづまりは各方面に種々な形で複雑に感じとられていたであろうから、当時の人々の動きを簡単に割り切ることはできないが、漢氏と蘇我氏の結びつきを以上のような点から見ることもできるのではないかと思われる。

ともかく大化元年（六四五）から改新政治は発足し、君主制は著しく強化されることになった。発足後まもなく起ったいわゆる古人大兄皇子《ふるひとのおおえ》の謀反《むほん》事件は、詳しい事情がよくわからないが、関係者の中に倭漢文直麻呂の名が見えるのは、漢氏がなお改新に反抗する態度をとっていたことを示すものかもしれない。

古人大兄皇子は舒明天皇の子、母は蘇我馬子の娘で、蘇我氏の支持をうけた有力な皇位継承候補者だった。事件関係者の中には、蘇我田口臣川掘の名も見えている。しかし、この事件で皇子は殺されたが、関係者はたいてい後に政府に用いられており、麻呂も後に遣唐判官になっている。

改新政治は律令国家建設の道を着々と歩んでいったが、それは結局、中央豪族全体の仕事として行われることになったから、漢氏一族も、政治的生命を全く失わないですんだ。もちろん公民制の採用によって、漢部の私有は否定されたけれども、それは他の諸氏も同様のことであった。しかし、いわゆるバスに乗りおくれた形で、漢氏一族が不遇の状態に置かれた様子はうかがわれる。斉明・天智両朝にかけて、百済救援の失敗、近江遷都など、改新政治が紆余曲折《うよきょくせつ》を経ている間、恐らく漢氏一族の大部分は、政府に参加して近江の大津京に移ることもなく、大和の高市郡で時日を送っていた。

ところが、ここにまた一つの機会が訪れた。それは例の有名な壬申《じんしん》の乱（六七二）である。天智天皇（中大兄皇子）の死後、近江朝廷の後継者である大友皇子と天智天皇の弟である大海人《おおあま》皇子（天武天皇）との間に起ったこの未曾有《みぞう》の内乱は、根本の原因が何であるか、天武天皇が勝利を得た社会的背景が何であるか、むつかしい問題を多く含んでいるが、漢氏一族は、天武天皇の挙兵に大きな希望をかけて起ち上った。書直智徳《ちとこ》・民直大火《おおび》・大蔵直広隅《ひろすみ》・坂上直国麻呂・路直益人《ますひと》らは、はじめから天武天皇に従って吉野を脱出し、伊勢から美濃に向った。坂上直熊毛《くまげ》をはじめとする漢直らは、大伴吹負《ふけい》が美濃の天武軍に呼応して大和で事を起そうとしたとき、これを援《たす》けて飛鳥の古京を陥れ、近江朝廷の背後を脅かす有力な拠点をつくった。

そのほか壬申の功臣として名前の知られるものに、坂上直老《おゆ》・倉墻《くらかき》直麻呂・民直小鮪《おしび》・谷直根麻呂《ねまろ》・長尾直真墨《ますみ》・蚊屋《かや》忌寸木間《このま》・書直成覚《じょうかく》などがある。この中でも、智徳・熊毛・成覚の三人はとくに功を立てたとみえ、のちに功田や功封を与えられた。文武天皇三年（六九九）に坂上老が死んだときの詔には、「なんじ坂上忌寸老は、壬申の年の軍役に、一生を顧みず社稷《しやしょく》の急に赴き、万死を出でて国家の難を冒す。……」と言っている（『続紀』）。

もっとも、近江朝廷方にも、書直薬《くすり》・谷直塩手《しおて》・忍坂直大摩侶《おおまろ》の三人の名が見えるが、天武方における漢氏一族の働きはとくに目立っており、これによってその政治的地位をかなり回復した。それが帰化人としての技能によってではなく、武功によって得られたところに、漢氏の性格の変化がよく現れている。

壬申の乱の結果、漢氏一族はかなり信用をとり戻したわけで、天武天皇六年（六七七）に、天皇は次のような詔を出して過去の罪を許した。

汝等の党族は、もとより七つの不可を犯せり。ここを以て、小墾田《おわりだ》の御世（推古朝）より近江朝に至るまで、常に汝等を謀るを以て事となす。いま朕の世に当り、汝等の不可の状を責めんとす。以て犯に随ってまさに罪すべし。然れども、ひたぶるに漢直の氏を絶さんことを欲せず。故に大恩を降して以て原《ゆる》す。今より以後、もし犯あらば、必ず赦《ゆる》さざるの例に入れん。

　この七つの不可というのが何々を指すかははっきりしないが、必ずしも皇室に従順でなかった過去の経歴を水に流したのは、一つには天皇が都を飛鳥に戻したため、高市郡一帯に拡がっている漢氏一族の勢力を無視できなかったことにもよるであろう。やがて同十年（六八一）に書直智徳が連の姓《かばね》を与えられ、翌年倭漢直等が一括して連に改姓されたときには、喜びのあまり一族の男女がことごとく拝朝した。ついで同十四年（六八五）に西文氏や秦氏らと共に忌寸の新姓を与えられたが、これ以後は、倭漢・東漢という言葉はほとんど使われなくなり、単に文忌寸とか坂上忌寸とか称するようになったらしい。

　間もなく藤原京が、ついで平城京が営まれると、一族中の有力な氏は、本拠を離れて新京に移り住み、あとに残った諸氏は、在地の豪族として、三腹交替で高市郡の郡司になった。こうして八世紀の初め奈良時代に入る頃には、完全に律令貴族の仲間入りをしたが、文・民・坂上など有力な氏の者でも、昇進はせいぜい五位までで、だいたい中・下流の貴族であった。しかも君主制に反発する態度を捨て去った漢氏には、帰化人独特の性格というようなものは、ほとんどなくなってしまったといってよい。

このの ち奈良時代の後半になると、一族の中で坂上氏が勢力を伸ばしてくるが、それについては後編で述べることとする。

7　漢部と漢人

漢氏一族が有力な豪族に成長したのは、前節で述べたように、第一にその経済的実力によるのであって、その基礎は数多くの漢部《あやべ》であった。もちろん一口に漢部といっても、一般の氏の場合と同様、品部にあたるもの、すなわちもともと漢氏の管理下に置かれた朝廷所有の技術民と、民部《たみべ》あるいは部曲《かきべ》といわれるものにあたる純粋の私有民と、両方が当然考えられるが、初めの頃はほとんど前者が大部分で、後者が増加したのはやや後のことであろう。

『日本書紀』の雄略天皇十六年十月の条に「詔して漢部を聚《あつ》め、その伴造者を定む。姓（カバネ）を賜いて直という」とあって、さらに「一に云う、漢使主等に賜う……」という注が付いている。つまりこのときから漢氏は多くの品部の管掌者に任命され、伴造としての地位を確立したというのであって、まえにも触れた雄略天皇七年の条に見える陶部《すえつくり》・鞍部《くらつくり》・画部《えかき》・錦部《にしごり》・訳語《おさ》などの渡来のことと関連して、そういう外来技術者たちの上に伴造を設けることが必要になった結果だということになるわけである。これももちろんそのまま全部事実かどうかわからないことであり、まして雄略天皇十六年十月という年月など、とても当てにはならないが、漢氏が元来そういう氏だったと後の人が一般に考えていたことは確かであろうし、いろいろな点から、だいたい五世紀後半ころにそういうことがあったと考えて不自然ではないと思われる。

ただ、伴造といっても、普通の伴造とちがうのは、一種類の品部だけを管掌したのではなく、織物・皮革をはじめ、多くの部門の技術民を持ったらしいことである。そのことが漢氏をして、普通の伴造級の諸氏よりはるかに大きな経済力を貯えさせ、一族の勢力を発展させたのではないかと考えられる。多分、それぞれの技術部門ごとに、一族が手分けをして管理したのであろうが、それがまた、多くの氏に分裂する一つの大きな原因になったのではないかということも考えられる。

『書記』の伝えでは、伴造になったときに直の姓（カバネ）を与えられたというのであるが、直というのは、だいたい国造とその一族の特有の姓で、それ以外で直の姓を有したのは恐らくこの東漢氏と西漢氏くらいのものであろう。直の語義についてはいろいろ説があるが、これはと思われるようなものはない。だから、なぜ中央で漢氏だけが、国造と同じ直姓を与えられたかということも、よくわからない。国造は、中央の圧力をしだいに強くうけるようになると、地方君主的な性格が弱まり、地方官的な色彩が濃くなって、その地方に朝廷が設置する屯倉や各種の部の現地管理を命じられるようになり、そういう屯倉や部を、それぞれ国造の一族が手わけして管理するようになった。漢氏は、多種類の伴造職を一族で兼掌しているという点で、国造と性質が似ているので、そのために直姓を与えられたのかも知れないが、しかし、はっきりしたことはわからない。

とにかく漢氏は、まず朝廷内で伴造の地位を確立すると、やがて次の段階で私有民の獲得に向うわけであるが、その私有民増大の傾向は、かなり早くから著しかったらしいふしもあり、獲得した私有民の所在地も、品部とちがって、畿外のかなり広い範囲にまでわたったようである。八世紀になってから後の文献に現れる漢部の名を拾ってみると、少なくとも左の諸地方に居たことがわかる。

播磨国餝磨郡漢部里（『播磨国風土記』）
肥前国三根郡漢部郷（『肥前国風土記』）
美濃国本簀郡栗栖太里（大宝二年戸籍）
同　加毛郡半布里（大宝二年戸籍）
備中国賀夜郡大井郷（天平十一年備中国大税負死亡人帳）

甲斐国巨麻郡栗原郷（天平宝字五年甲斐国司解）
備前国津高郡津高郷菟垣村（宝亀五年同村常地畠売買券等）
伊勢国飯高郡（『続紀』神護景雲元年十二月丁亥条）
参河国碧海郡（『類聚国史』五十四多産部）
丹波国何鹿郡（『三代実録』貞観八年九月廿日壬戌条）
同　　同（『三代実録』仁和三年六月五日丁未条）

これはかなり後世の材料であるけれども、これによって分布の広さをだいたい知ることができよう。

私有民増大の傾向がかなり早く現れたらしいふしがあると言ったのは、『日本書紀』雄略紀二十三年八月の条に見える天皇の遺詔《いしょう》の記事からである。『書紀』によると、天皇は死に臨んで、星川皇子が皇位につこうとしていることを気にかけ、大連の大伴室屋《むろや》と東漢直掬《つか》（都加使主）を呼びよせ、白髪《しらが》皇子（清寧天皇）を守って皇位を継がせるようにという長文の遺詔を残したことになっている。このあと天皇が死ぬと、果して星川皇子は天下を取ろうとして大蔵を占領し、朝廷の財物をおさえたので、室屋と掬は大蔵に火をつけて、星川皇子らを焼き殺したというのであるが、この雄略天皇の遺詔を見ると、中国の『隋書』の高祖本紀にある高祖すなわち文帝の遺詔と、ほとんどそっくりの文章である。

その内容は、文帝が、皇太子の広（煬帝《ようだい》）の兄弟の勇や秀が皇帝になると国家に害悪を及ぼすから、協力して広を帝位につけるように王公諸臣にさとしたもので、事情が非常によく似ているところから、『書紀』の編者がその文章を借りて、巧みに雄略天皇の遺詔なるものを作り上げたことが明白である。ところが文帝の遺詔の中で「さきに文武の侍衛に対してつぶさにすでに論述せり」とある個所を、『書紀』では「大連等は民部広大にして国に充《み》ち盈《み》つ」とわざわざ書き換えている。これは他に材料があってそう書いたのであって、いい加減に書き換えたわけではない。もっとも、その材料がどういう性質のものだったか、よくわからないけれども、ある程度事実を伝える記録だったとすると、少し時期が早すぎる感はあるが、五世紀の末ごろに、漢氏はすでに相当多くの私有民を持っていたということになるわけである。

次に、この漢部と一概に呼ばれるものの中にどういう種類のものがあったか、ことに品部的なものには、どういう技術部門のものがあったかというと、それにはまず漢《あや》人《ひと》のことを見ておかなければならない。

文献には漢部のほかに漢人部《あやひとべ》・漢人などの名称がいろいろ出てくるが、そのお互いの区別がはっきりつかみにくい。これらの文献はみな八世紀になってから書かれたものだから、大化以前の実際の状態が正確に伝えられていないのはやむを得ないところもあるが、また大化改新で部の制度が廃止されてから、まえに部民だった者が、いつの間にかそうでないような名前を自称するようなことが、少なくなかったせいもある。ことに漢人部が漢部とどういう点で違っていたか、あるいは両者が全く同じものだったかどうかということになると、ほとんど判定することができない。

また漢人についても、例えば、『播磨国風土記』の餝磨郡漢部里の条に「右、漢部と称するは、讃芸《さぬき》国の漢人等、到来して此の処に居る。故に漢部と号《なづ》く」とあったり、『肥前国風土記』の三根郡漢部郷の条に「むかし来目《くめ》皇子、新羅を征伐せんが為めに忍海《おしぬみ》漢人を勒し、将《ひき》い来りて此の村に居り、兵器を造らしむ。よりて漢部郷という」とあったりするので、漢人と漢部とは同一のものだという説がある。しかし、漢人と漢部・漢人部とは、はっきりと違った性質のものであろう。漢部・漢人部が部民つまり被支配階級に属するものだったのに対して、漢人は恐らく漢部・漢人部などの直接の指揮者あるいは監督者であり、身分は低いが一つの氏として、朝廷の豪族の仲間入りを認められていたものであって、支配階級の一員と見るべきであろう。

もっとも漢人という呼称が、最初から厳密にそういう意味に使われたかどうかは疑問で、はじめは中国系と称する帰化人でさえあれば、時には部民に対しても、ごく一般的な呼び方として、漢人という言葉が使われたかもしれない。しかし次第に使用法が限定され、高向《たかむこ》漢人玄理《げんり》・南淵《みなぶち》漢人請安《じょうあん》・新漢人《いまき》旻《みん》などという場合（七世紀前半）には、姓（カバネ）に準ずる性質のものになっていることが知られるのである。

それではこの漢人というものの成立はどうかというと、『日本書紀』の神功皇后五年の条に、日本に人質になっていた新羅王子の微叱許智《みしこち》が、朝廷を欺いて国に帰ろうとし、これを送って行った葛城襲津彦《かつらぎのそつひこ》が、途中対馬で王子にうまく逃げ出されてしまったので、怒って新羅の蹈鞴津《たたらのつ》に上陸し、草羅城《さわらのさし》を攻め落して帰った、という話が載っていて、そのあとに「この時の俘人《とりこ》等は、今の桑原・佐糜《さび》・高宮・忍海《おしぬみ》、すべて四邑《ゆう》の漢人等の始祖なり」という説明がついている。これは文献に漢人の語が出てくる最初で、桑原・佐糜・高宮・忍海というのは、みな大和の地名である。この新羅王子の脱出の話は、朝鮮の文献（『三国史記』『三国遺事』）に見える朴堤上の義烈談（堤上が奈勿《なこつ》王の王子の未斯欣《みしきむ》を日本から救い出すために、その身を犠牲にした話）とだいたい一致するので、案外事実として信用できる話であろう（ただし、ここに葛城襲津彦の名で出てくるのはあやしい）。従って四邑の漢人の由来も、五世紀初頭ころに、捕虜として朝鮮からつれて来られた技術民だということをだいたい信用してよいことになる。

ただし、このときの俘人の子孫が、全部のちに漢人となったわけではなく、彼らは品部にされたのであって、その中から指揮者にとり立てられた者か、あるいは別の帰化人が監督者に任命されて、その子孫が桑原漢人とか忍海漢人とか呼ばれるようになったものであろう。だからこの話はむしろ四邑の漢部の由来を示すものであるが、しかしとにかくこれによって漢人というものの成立の一つの例を知ることができるのである。

漢人の成立についていくらか確かな伝えといえば、これくらいであるが、この例を頭において推測すると、漢人というのは、ほとんど帰化人であって、五世紀に入るころから朝廷が都の制度をととのえ、大陸の技術を持った品部を設置してゆくのに伴って、その直接の監督者に任命され、やがてたいてい東漢氏の指揮下に編入されていったものと考えられる。

漢氏は、品部以外に私有の部も多く所有するようになるわけで、それは主に農産物と力役だけを漢氏に差し出す農業部であるが、その現地監督者にも、やはり部下の帰化人を充てたであろう。そういう帰化人も同様に漢人と呼ばれたかどうかは断定できないが、社会的な身分という点から言えば、ほとんど同性質のものであり、やはり漢人と呼ばれたのではないかと思われる。彼らは、一部落か、大きくても数個の部落の長という程度であって、その姓（カバネ）は村主《すぐり》が多かった。村主の語源は、朝鮮語で村の長を意味する言葉から来ているという説が最も有力である。

漢人がほとんどみな実際の帰化人だったろうということについて、国史に踏歌《とうか》の記事がある。踏歌は、中国で正月上元の日に行われたものであるが、持統紀七年（六九三）正月十六日の条に「この日、漢人ら踏歌を奏す」とあり、翌八年正月十七日の条にも、「漢人、踏歌を奏す」とある。この頃は和歌に合せて舞踏したらしいが、やがて漢詩に合せるようになり、踏歌の節会《せちえ》と呼ばれる宮廷の重要な年中行事となった。帰化人が本国から持ち込んだ風習が、いつの頃からか公式の儀礼に採用されたものであろう。『続紀』天平勝宝三年（七五一）正月十六日の条に「踏歌の歌頭の女孺、忍海伊太須・錦部《にしごり》河内、並びに外従五位下を授く」とあるのは、忍海漢人と錦部漢人であろう。

以上のようなわけで、大化以前には、大陸技術の品部に関しては、漢氏―漢人―漢部という指揮系統に属するものが非常に多かった。そのため、大化改新によって部の制度が否定され、この指揮系統が廃止されてからも、漢氏と漢人の間に、ある面で特殊な関係が永く保存されていったらしく、八世紀の末に坂上苅田麻呂は、桓武天皇にたてまつった上表文の中で、先祖の阿智王（阿知使主）の渡来伝説を詳しく述べたあとで、その時に阿智王が本国からつれて来た人民男女の子孫が現在諸国に居る漢人らである（事実は必ずしもそうではない）と言っており（『続紀』延暦四年六月癸酉条）、そののち坂上氏が『新撰姓氏録』の資料の提出を命じられたときには、差し出した坂上大宿禰本系の中に、その漢人らのリストを書き列《つら》ねた。

坂上系図を見ると、その部分の『姓氏録』の文章が引用されている。それは次のように書かれている。

大鷦鷯《おおさざき》天皇（仁徳）の御世に、（本郷の人民が）落を挙げて随い来れり。今の高向村主・西波多《かわちのはた》村主・平方村主・石村村主・飽波《あくなみ》村主・危寸《きそ》村主・長野村主・俾《ひ》加《か》村主・茅沼《ちぬ》山《やま》村主・高宮村主・大石村主・飛鳥村主・西大友村主・長田村主・錦部村主・田村村主・忍海村主・佐味《さみ》村主・桑原村主・白鳥村主・額田村主・牟佐《むさ》村主・甲賀《こうか》村主・鞍作村主・播磨村主・漢人《あやひと》村主・今来村主・石寸村主・金作《かねつくり》村主・尾張吹角《ふきつの》村主等これその後なり。時に阿智王、奏して今来《いまき》郡を建つ。後に改めて高市郡と号す。しかるに人衆巨多にして居地隘狭なり。更に諸国に分置す。摂津・参河・近江・播磨・阿波等の漢人村主これなり。

これを見ると、はじめのほうは皆、某村主と書いてあるだけだけれども、最後のところで、諸国に分置したものを漢人村主と言っているから、高向村主以下すべて漢人だったものと見てよいであろう。そうするとこの中に、桑原・佐味（佐糜）・高宮・忍海の四邑の漢人が全部含まれているわけである（さきに述べたように、これらは実際には阿智王がつれてきたのではない）。従って彼ら四邑の漢人もやがては漢氏の指揮下に編入されたことがわかるのである。なお、ここに並んでいる村主たちの名前を見ると、錦部村主・鞍作村主・金作村主・吹角村主のほかは、みな地名を冠しているから、このうちのどれが品部の監督者か、これだけではわからないが、すぐあとで言うように、四邑の漢人は技術者だったようだから、ほかにも技術的な漢人が多く含まれているであろう。

さて、漢部にどういう種類のものがあったかということであるが、以上の関係からわかるように、漢部と漢人とは一対の組になっていたものである。錦部があればそこに錦部村主という漢人があり、錦部村主という漢人があればそこに錦部という漢部がある。従って漢部の種類を知るには、漢部の名前だけでなく、漢人の名前も材料になるわけである。そこで文献に現れる漢部・漢人の名称を拾い集めて考えると、だいたい次のようなことになるであろう。

　まず大きく分けると、漢部はさきにも言ったように、農業部と技術部とに分れる。農業部は漢氏の私有民で、特別な名称を冠してはいないし、その直接監督者を漢人と言ったとしても、そういう漢人はたいてい地名を冠していたであろうから、史料の中からこれとこれが農業部だと見分ける方法はないし、その中にさらに細かい種類があったとも思われない。また農業部は漢部だとは言っても、大部分は日本人の農民だったろうし、また漢氏という一個の氏の私有民だから、社会の進展あるいは朝廷の発展に対する帰化人の役割という点から見れば、そう大きい意義をもったものとは考えられない。

　しかし、応神天皇のときに高麗人・百済人・任那人・新羅人を使って韓人池《からひとのいけ》を作った（応神紀七年九月条）とか、仁徳天皇のとき秦人あるいは新羅人を役して茨田《まんだ》の堤を築いて茨田の屯倉を作り、また丸邇《わに》池や依網《よさみ》池を作り、難波の堀江や小椅江《おばしのえ》を掘った（『古事記』仁徳段、仁徳紀十一年十月条）とかいう伝えがあるように、それらが、そのまま事実の伝えかどうか疑わしいにしても、四世紀末か五世紀初めの頃から、帰化人の技術を利用して大がかりな耕地の開発が畿内で行われたことは確かであろう。それは、中央における農業生産力を飛躍的に増大させ、朝廷の全国支配力を決定的に強化する力となったと見られるが、その基礎は、大陸伝来の進んだ開発技術・農工具・農法であった。

漢部をはじめ帰化系の氏の私有民が日本人農民の場合でも、そういう進んだ農業経営が先頭を切って行われたであろうし、それが屯倉にも採用され、一般の豪族の部にも普及して、生産力の向上に基づく諸方面の社会的進展、ことに中央豪族の成長強大化を生みつつあったであろう。そういう点から言えば、この種の漢部の存在も、また大きな意義を担うものというべきである。

次に、技術部すなわち品部について見ると、まず錦部村主・鞍作村主・金作村主・吹角村主の下に、それぞれ錦部《にしごり》、鞍部《くらつくり》、金作部《かねつくりべ》、吹角部《ふきつのべ》というようなもののあったことが推測される（坂上系図）。このうち吹角というのは技術的なものと言えるかどうかわからないし、大化以前からあったものかどうかも不明である。それから前にも引いた雄略紀七年の記事から、陶部《すえつくり》・鞍部・画部《えかき》・錦部の存在が考えられる。そこに出ている陶部高貴・鞍部堅貴・画部因斯羅我《いんしらが》・錦部定安那錦などの人々は、新漢《いまきのあや》すなわち新参の漢人と書かれているからである。

また例の四邑の漢人は、桑原・佐糜・高宮・忍海というように、すべて地名を冠しているが、これも技術的なものであろう。なぜならば、この中で忍海漢人とその下にある忍海部は、『続日本紀』の養老六年（七二二）三月十日の条に見える次のような記事によって明らかに雑工を業とするものだったことが知られるからである。

伊賀国の金作部東人、伊勢国の金作部牟良・忍海漢人安得、近江国の飽波漢人《あくなみのあやひと》伊太須・韓鍛冶《からかぬち》百嶋・忍海部乎太須、丹波国の韓鍛冶首《おびと》法麻呂・弓削《ゆげ》部名麻呂、播磨国の忍海漢人麻呂・韓鍛冶百依、紀伊国韓鍛冶杭田・鎧《よろい》作《つくり》名床ら合せて七十一戸は、姓雑工に渉るといえども、本源を尋ねもとむれば元来雑戸の色に預らず。因りてその号を除きて、並びに公戸に従わしむ。

雑工戸《ざっこうこ》というのは、令制において兵部省造兵司・大蔵省典鋳司・宮内省鍛冶司に隷属する種々の品部《しなべ》や雑戸《ざっこ》の総称であって、従って大化以前には各種の手工業に携わる技術部だったものである。『令集解《りようのしゆうげ》』に引かれている別記という記録によれば、雑工戸には鍛戸《かぬちこ》・甲作《よろいつくり》・靫作《ゆぎつくり》・弓削・矢《や》作・鞆張《ともはり》・羽《は》結《ゆい》・桙刊《ほこぬき》・爪工《はだくみ》・楯縫《たてぬい》・幄作《あくづくり》などがあった（職員令集解兵部省造兵司条）というから、忍海部はこのうちのどれかを専門の業としたものであろう。どれにしても武器製造に関係が深いわけで、やはり前に引いた『肥前国風土記』に、「むかし来目《くめ》皇子、新羅を征伐せんが為めに忍海漢人を勒し、将《ひき》い来りて此の村に居り、兵器を造らしむ」とあるのと照応する。

さらに、この雑工戸には、忍海部以外にも漢部だったものが多いにちがいないから、桑原・佐糜・高宮の漢部も、これらの雑工に携わったものと思われるし、右の『続紀』の記事に見られる飽波漢人の漢部も、言うまでもなくこれに属する。

なお、令制で大蔵省や中務省内蔵寮の管轄下に、狛戸《こまこ》と百済戸という品部・雑戸があり、『集解』所引の別記によると、百済戸は衣染・飛鳥沓縫《くつぬい》・呉床作《あぐらつくり》・蓋縫《きぬかさぬい》・大笠縫・模作など雑縫作の事に従事し、狛戸は牛皮・鹿皮・麕皮などの雑革染作の事に従事するものだったが、一説によると、縫笠・縫蓋・飛鳥縫履・染部などの類は、蔵部に属するものだったという（職員令集解大蔵省条）。蔵部の業務すなわち朝廷財庫の出納管理は、漢氏の主要な職掌の一つだったから、百済戸・狛戸が蔵部に属したとすると、大化以前に漢部だった可能性は大きい。

また大蔵省織部司の管轄下に染戸《そめこ》があって、錦綾織《にしきあや》・呉服部《くれはとり》・河内国広絹織人・緋染・藍染などから成っていた（別記）が、これらもその業務から見て、漢部だったものが多いのではないかと思われる。

史料を通してある程度確かめられる漢部の種類は、以上の通りである。これはもちろん、実際に存在したものの何分の一かに過ぎないかも知れないが、しかしこれだけでも手工業部門の重要なもののかなり広い範囲にわたっていることがわかるであろう。農業生産力向上の根本である鉄製器具、軍事力の基礎となった新鋭兵器、生活必需品たる諸種の衣料、朝廷豪族の生活水準を高めた高級な諸器具類などの多くのものが、漢部の手で作り出されていたのである。

もちろんこの外にも、ここでは一々の詳細は省略するけれども、漢氏関係以外の帰化人が携わっていた製造・生産の部門も少なくないのであるから、それをも考慮に入れるならば、古い帰化人が五・六世紀における日本社会の進展に果した役割が、物質的な面においても、いかに大きいものだったかが知られるのである。それは決して古代支配確立の結果として生じた事態ではなく、むしろ逆であって、古代国家を形成させ発展させる原動力となったものとして評価すべきであろう。

8　秦　氏

漢氏と並んで、古代帰化人系の氏の双璧と謳われるのは秦《はた》氏である。通説に従えば、秦氏の祖は秦《しん》の始皇帝の後裔と称する弓月君《ゆづきのきみ》で、応神天皇のときに、漢氏の祖の阿知使主《あちのおみ》より一足さきに、百数十県という多数の人民を率いて来朝し、養蚕・機織《はたおり》の業をもって朝廷に仕えた。秦氏のハタは従って機織のハタの意である。
そののち秦の民は各地に分散して諸豪族の所有に帰していたが、雄略天皇のときにこれを集めて秦酒公《さけのきみ》に与えたので、それから秦氏は大いに発展し、絹・綿・糸の生産に従事する全国的な多数の部民（秦部・秦人部）を従え、非常な経済的実力を蓄えたうえ、政治的、社会的にも漢氏にまさるほどの勢力を持つようになった、ということになっている。

ところがこの秦氏の歴史は、記・紀・『古語拾遺』・『姓氏録』などの記載を、そのまま認めて構成したもので、少し批判的な眼で見れば、いくらでも疑うことができる。ことに秦《しん》の始皇帝の後裔とする点などは、この中で一番新しい『姓氏録』に初めて出てくることであって、明らかに漢氏と張り合うために、八世紀後半以後になって秦氏がつくり出した話であろう。しかもそれだけでなく、注意してみると、ほかにも疑問に思われる点がいくつも生じてくるのである。

その第一は弓月君の渡来の話である。『古事記』ではごく簡単に、応神天皇のときに秦造の祖と漢直の祖およびその他のものが渡来した、とあるだけであるが、『日本書紀』を見ると、応神天皇十四年の条に、「この年に弓月君が百済から来て、自分は本国の人夫百二十県を率いて帰化しようとしたが、新羅人が邪魔をするので、みな加《か》羅《ら》国に留まっていると奏したので、葛城襲津彦《かつらぎのそつひこ》を加羅に遣わしたが、三年たっても襲津彦は戻らなかった」という記事があり、続いて同十六年八月の条に、「平群木菟《へぐりのずく》の宿禰と的戸田《いくはのとだ》の宿禰に精兵を授けて加羅に赴かせたところ、新羅の王は驚き恐れて謝罪したので、弓月の人夫と襲津彦とをつれて戻った」という記事がある。『書紀』では、この弓月君が秦氏の祖だということは、どこにも書いていないが、『姓氏録』の太秦公宿禰《うずまさのきみの》（左京諸蕃）の条に、「秦始皇帝三世の孫、孝武王の後なり。男功満王、仲哀天皇八年に来朝す。男融通《ゆうつう》王（一に云く弓月王）、応神天皇十四年に来朝す。二十七県の百姓を率いて帰化し、金銀玉帛等の物を献ず」とあるので、弓月君がこの融通王に当ることになるのである。

ところが、この『書紀』の記事には、朝鮮関係の話によく使われる襲津彦の名が出て来たり、任那の加羅がまだはっきり日本の勢力下に入っていないようだったりして、あやしい点が目につくが、ことに話全体が漢氏の阿知使主の渡来の伝えとあまりによく似ていることが問題である。

漢氏については、『書紀』では二十年九月の条に、「倭漢直の祖阿知使主、その子都加使主、並びにおのれの党類十七県を率いて来朝す」とあるだけであるが、坂上系図に引用された『姓氏録』の逸文には、次のように述べてある。すなわち、「阿智王は応神天皇の時に本国の乱を避けて、母と妻子と母弟および七姓の漢人らをつれて帰化したが、そのとき彼は、自分の本郷の人民が離散して高麗・百済・新羅などの国にひろがっているから、使を遣わして召し寄せてもらえば幸いだと奏したので、天皇はすぐに使を遣わした。その結果、次の仁徳天皇の代になって、それらの人民が村落を挙げて随って来た。その子孫が高向村主をはじめとする数多くの村主姓の氏だ」というのである。すでに延暦四年（七八五）六月の坂上苅田麻呂《かりたまろ》の上表文にも、だいたい同様のことが述べられているが、この話は、もっと早く作られていたのではないかと思われる。

坂上系図には東漢費直諸氏記という書物が引用されているが、これは東漢系の諸氏の歴史を記したもので、姓の直を費直と書いていた頃に、従って大化前後にまで遡る古い時代に作られたものと想像されるが、右のような阿智王の渡来伝説は、すでにこの東漢費直諸氏記に書かれていたのではないかと思われる。ただそれが『書紀』に採用されなかったのは、『書紀』の編修の頃が漢氏のあまり振わない時期だったからであろう。

そこで、これだけ酷似している以上は、どちらか一方が他方の真似をしたのだろうということになるが、どちらが真似をしたかといえば、恐らく秦氏のほうが真似をしたのだろうと思われる。何故ならば、漢氏が真似をしたとすると、実際にはあとで述べるように秦氏よりも発展し勢力を持つようになったにもかかわらず、秦氏の百二十県に対して十七県という少ない数に止めておくのはおかしいし、また渡来の年代も秦氏より前にもって行きそうなものだからである。つまりこの二つの点は、秦氏が漢氏に張り合おうとする対抗意識から作り出した数字および年代と見られる。

また漢に対してその前の王朝である秦の名をとったのも同じ意図からかも知れない（もっともこれは、実際に朝鮮に、例えば秦韓というような、秦の字をつかった地名あるいは部族名があって、そこから来たものかも知れない）。従って、漢氏のほうの話もどこまで事実か疑わしいが、秦氏の祖は漢氏よりは後に渡来したと見たほうがよさそうである。それは、秦氏が朝廷における地位を確立したのが、漢氏よりやや後の時期だったらしいことからも想像できることである。

応神紀のこの渡来伝説のあとしばらくの間、秦氏に関する記事は全く現れないが、雄略紀十五年の条になって、はじめて有名な話が出てくる。

それは、「秦の民が分散して諸豪族に駈使されている状態を、秦造酒という人が嘆いて雄略天皇に訴えたので、天皇は秦の民を集めて酒公に賜った。そこで酒公は彼らを率いて庸調の絹・縑《かとり》を献ったが、それが夥《おびただ》しい数量で、朝廷にうずたかく積まれたので、禹豆麻佐《うずまさ》という姓を賜った」という話である（『姓氏録』『古語拾遺』にも同様の話が載っている）。

これは、ウズマサという言葉から逆に作り出した説話で、分散していた秦の民をこのときに再び集めたというのも、恐らく事実ではなく、津田左右吉博士が言われたように、この頃に機織の部が多数設置され、それらを管掌する伴造として秦氏が任命されたのであり、多数の部民を擁するようになった後世の状態から、逆に百二十県の人夫などという話も作り出したものであろう（津田博士『日本上代史の研究』第一篇「上代の部の研究」、『日本古典の研究』附録第一「百済に関する日本書紀の記載」など）。

そうとすれば、秦氏がその地位を確立したのはこの頃であり、同じ雄略紀の翌十六年十月の条に、漢部を集めて漢氏をその伴造にしたという記事があるところを見ると、これまた対抗上ことさらに漢氏のすぐ前に持ってきたのかも知れないから、秦氏が伴造になったのは、もう少し後のことかも知れない。これに対して漢氏のほうは、雄略紀以前から阿知使主や都加使主の名がしばしば見えて、かなりの地位を占めていたらしいことは、前に述べた通りである。

次の疑問は、機織技術の氏だという点である。秦氏といえばハタオリの氏であって、この点が疑われたことは未だかつてないであろう。秦氏が大化以前から造《みやつこ》の姓（カバネ）を持っていたことはだいたい確かで、造姓は一般に伴造すなわち品部の管掌者の持つものだから、右に述べたように秦氏が六世紀前半頃までに伴造の地位を得ていたことは、まず間違いがない。そこで秦氏の管理した品部は何かと言えば、これもまず養蚕機織の部だろうと考えるより外はないであろう。ところが不思議なことに、右の雄略紀のいかにも作り話らしいウズマサの語源説話一つを除くと、秦氏が機織とつながりがあることを物語るような史料は全然ないのである。

試みに秦氏と少しでも関係のある史料をすべて文献の中から拾ってみると、政治上のことはもちろん、武事・音楽・仏法崇拝・商行為・朝廷の財務・学芸など、いろいろな方面のことが出てくるが、機織に関する限りは、わずかの関係を暗示するようなものも見当らない。大化以前だけでなく、大化以後も律令制度の中で機織関係の官司にとくに秦氏の人が結びついているというようなこともないのである。これは確実な史料についてはもちろん、伝説の類についてもそうであって、甚だきれいさっぱりとしている。だから、ウズマサの話一つだけをはずしてしまえば、機織技術の氏だという根拠は、完全になくなってしまうのである。

それならばしかし、氏の名をハタと称するのはどういうわけか。ハタと称することこそ機織の氏だった証拠ではないかという反問が生ずるであろう。けれども、これにも問題はある。

ハタの語義について、これは朝鮮語の海を意味するPataから転じたもので、南方諸島から来た縞をシマと呼ぶように、海を渡って伝えられた機織技術をもつ氏だからだという説（金沢庄三郎博士『国語の研究』）があり、また梵語《ぼんご》のPata, Pattaは一般に絹布を指す語であるから、絹を織る人を服部・秦氏と称し、終に絹を織る器をもハタと称するに至ったという説（高楠順次郎博士『日本外来語辞典』）があるが、これらは秦氏を機織の氏だとする前提の上に立てられた説である。

そうでないものとしては、辺鄙《へんぴ》の地を意味するチベット語のハタという言葉から来たという田辺尚雄氏の説や、ハタではなくハダと読むべきだという本居宣長・新井白石などの意見があるから、そうなれば氏の名称から機織との関係を説くこともできなくなるわけである。

もし万一ハタオリのハタから来たものだったとしても、それは機織の部の管掌者というだけで、秦氏自体が機織技術を持ってきたのではないかも知れないし、あるいはまたその技術がそれほど特殊なものでなかったために、秦部が一般の農民と大して変らないものになり、秦氏も漢氏と同様、否むしろ漢氏よりも早く専門技術から離れてしまったのかも知れない。しかしいずれにしても秦氏を機織技術の氏と頭からきめてかかるわけにはいかないであろう。

田辺氏によれば、弓月君は中国北朝の後秦の人で、後秦の民はことごとくチベット人である。チベットでは第一ということをウズ、長官をキ、辺陲《へんすい》をハタというから、「ハタのウズキ」は「地方を統治する第一の長官」という意味である。またマはの、サは都の意味で、「ウズマサ」は「第一の都市」であるという（『日本文化史大系』三「奈良文化」音楽・舞踊）。

本居宣長らが、ハダと読むべきだというのは、『姓氏録』山城国諸蕃の秦忌寸の条に、「仁徳天皇の御世に、姓を賜わりて波陀《はだ》という。今の秦の字の訓なり」とあり、『古語拾遺』のウズマサの説話を述べた個所に、「貢る所の絹・綿、肌膚《はだ》に軟かし。故に秦の字を訓みてこれを波陀という」とあるからであろう。この『古語拾遺』の記述について、宣長は、「若しこれらの義ならば、温或は軟の言を取りてこそ名くべけれ。肌という言を取るべき由なし。新井氏（白石）も此の説を信《うけ》ずて、波陀は韓国の語なりといへり」と言っている（『古事記伝』三十三）。秦はハダで朝鮮語から来ているという可能性は大きいように思われる。

第三の疑問は、秦氏が漢氏と並ぶほどの勢力を持っていたということである。なるほど『姓氏録』では、右京諸蕃の筆頭の東漢系諸氏に対して、左京諸蕃の筆頭の位置を占めており、記・紀・『古語拾遺』などの伝説的記事でも同等に扱われているところが多く、秦漢二氏というように、むしろ秦氏が先に書かれることが多い。しかし、これは多分に大化以後の状態を投影したものであり、またこれを鵜呑《うの》みにするのは、秦氏のねらいにはるか後世のわれわれがうまく乗せられたことになる嫌いがないでもない。実際に史料に当ってみると、それほど大きな勢力を形成していたとは思われないからである。

秦酒公以後、大化改新まで、年代にして約百五十年の間、史料に現れる秦氏の人名といえば、秦大津父《おおつち》・秦造河勝《かわかつ》・椋部《くらべの》秦久麻《くま》の三人だけで、このうち河勝は聖徳太子から仏像を譲りうけて山城の葛野《かどの》（京都）に蜂岡寺（広隆寺）を創造したという伝えがあって、やや有名であるが、とにかくこれだけで漢氏に匹敵するほどの政治的地位を想定することはとてもできない。

経済的実力をとくに大きく考えるのも、結局は想像説であって、確かな根拠はない。ただ、欽明紀元年八月の条に、「秦人・漢人ら諸蕃の投化せし者を召し集めて、国郡に安置し、戸籍に編貫す。秦人の戸数すべて七千五十三戸。大蔵掾を以て秦の伴造となす」という記事があるが、これは甚だ解釈のむつかしい記事である。秦人・漢人とあるものが、まえに漢人について考えたような下層の帰化人を指すとすると、そういう支配階級に属するものを戸籍に編貫するというのは、ありそうにないことであり、秦人の戸数が七千五十三戸というのも、あまりに多すぎる数である。

そこでこれを秦部・漢部のこととしてみると、この時に秦部漢部を召し集めて伴造をきめたということになり、まえの雄略紀の記事と矛盾する。朝廷の屯倉においてさえ、屯倉の民を戸籍に編成するようになるのは、もう一寸《ちよつと》のちのようであるから、ここで戸籍に編貫するとあるのも非常に疑わしい。

しかし漠然と解釈して、秦部や漢部の数をしらべたような事実があり、そういう事実に基づいてこの記事がつくられたとすると、この頃に秦部の数が人口にして十万を超えるほどだったといっても、もちろんかなりの誇張はあるにちがいないが、それほど不自然ではないであろう。従って、秦氏の社会的基盤の構造は漢氏と似たところがあり、その数と拡がりは相当なもので、それに応じて秦氏の財力もある程度は大きいものだったかも知れない。しかし確かな根拠もないのにその勢力を過大視することは控えるべきであろう。

秦大津父については、欽明紀の即位前紀に説話的記事がある。それは、欽明天皇が幼いとき夢に人が現れて、秦大津父という者を寵愛すれば、大きくなってから必ず天下をにぎることができるだろうと言ったので、広く探させたところ、山背国紀伊郡深草里にそういう名前の人が見つかった。天皇がよろこんで、おまえの身に何か変ったことでも起らなかったかと尋ねると、大津父は答えて、別に何事もありませんでしたが、ただ伊勢に商売に行った帰途に、山で二匹の狼《おおかみ》が血まみれになって闘っているのに出逢ったので、猟師に見つかれば二匹とも捕まってしまうからと言って争いをやめさせ、血を拭《ぬぐ》って放してやったことがありますと言った。そこで天皇は、きっとその狼の恩返しだろうと言って、側近に仕えさせ、寵愛が日に日に深くなったので、大津父は大いに富み栄え、天皇が即位すると大蔵の役人に任命された、というのである。これについて林屋辰三郎氏は、継体天皇の死後、安閑・宣化両天皇の朝廷と欽明天皇の朝廷とに分れて十年近くのあいだ大きな内乱が続いたが、結局秦氏の財力を一つの背景にする欽明天皇が両朝の統一に成功したという、いわゆる継体欽明朝の内乱について論じられた際に、二匹の狼と秦大津父の話は、この内乱の事実を暗示するために、『書紀』の編者が作った寓話《ぐうわ》にほかならないと述べられた（林屋氏著『古代国家の解体』所収「継体・欽明朝内乱の史的分析」）。しかし、これは秦氏の政治的・経済的実力が極めて大きかったことを前提としての考えであり、また内乱の事実がわからなくなったために、紀年の錯誤を露呈した『書紀』の編者が、そういう寓話を作ったというのは矛盾であろう。だからこの説話から知られるのは、山城の深草の地に秦氏の一部が居住していたらしいことと、秦氏が大蔵と関係を持っていたことくらいである。

秦造河勝の広隆寺創設に関しては、推古紀のほかに、『法王帝説』・広隆寺縁起（『朝野群載』巻二）・広隆寺資財交替実録帳（広隆寺文書）・『上宮聖徳太子伝補闕記』などに記事があり、互いに出入があるが、恐らく太子の死後、推古天皇三十年（六二二）に河勝が発願起工したものであろう（向井芳彦氏「広隆寺草創考」『史迹と美術』二二九〜二三二）。翌三十一年には新羅の使者が持って来た仏像をこの寺に置くことになった（『書紀』）。葛野（京都市西郊）の秦氏は一族の中で最も中心的存在だったらしく、広隆寺は弘仁九年（八一八）に一旦焼亡したが、その後も永く秦氏の氏寺だったようである。河勝については、このほか推古紀十八年十月八日の条に、新羅・任那の使人が朝廷を拝する際の新羅導者になった記事があり、皇極紀三年七月の条に、蚕に似た緑色で黒点のある虫を常世の神だと称して祭り、富と長寿とが得られるといって民衆を迷わしていた者を打ちこらした話がある。そこに、「ウズマサは神とも神と聞えくる、常世の神を打ちきたますも」という歌が載せてあるので、河勝がウズマサと呼ばれたことが知られる。

また椋部秦久麻の名は、『法王帝説』に載せてある天寿国繡帳の銘文に見えていて、繡帳の絵をかいた東漢末賢・高麗加西溢・漢奴加己利らの上に立って監督したものらしい。椋部《くら》とあるから大蔵・内蔵《うちつくら》などの出納管理を世襲としたものであろう。

そこで秦氏の歴史の概略を考えてみると、弓月君とか百数十県の民とかの具体的な人名・数字などは信用の限りではないが、その渡来は、帰化人の中ではやはり特に古いほうであろう。渡来して大和国の朝津間《あさつま》の腋《わき》上の地を与えられて住んだという伝えがあるが（『姓氏録』山城国諸蕃）、のちにこの地方に秦氏の大きな中心があった形跡は全くない。初めのうちは畿内のどこかに住みついて、土豪的な生活を送り、あるいは自分で養蚕をして絹布を織ったりしていたかもしれない。その点では百済から来たという努理使主《ぬりのおみ》などとだいたい似たような存在だったのではないかと思われる。

努理使主は『姓氏録』によると、平安左京の調《つき》連、右京の民《たみ》首、河内の水海《おうみ》連・調日佐《おさ》・山城の民首・伊部造などの先祖ということになっており、応神天皇の世に帰化し、孫を阿久太《あくた》、その子を弥和《みわ》、次を賀夜《かや》、次を麻利弥和《まりみわ》と言ったが、顕宗天皇の世に蚕織して、絁《あしぎぬ》・絹の様《ためし》を献上したので調首の姓を賜った、という秦氏と非常によく似た伝えを持っている。また、『古事記』の仁徳天皇の段に次のような話がある。

皇后の石之日売《いわのひめ》が木の国（紀伊）に船で出掛けた留守に、仁徳天皇が八田《やた》の皇女と婚して宮中に入れたので、怒った皇后は難波の高津の宮に戻らずに、そのまま船で淀川を上り、さらに木津川を遡って山代《やましろ》の筒木《つつき》（綴喜郡）の韓人の奴理能美《ぬりのみ》（努理使主）の家に入った。天皇が使者をやって皇后を呼んだが、どうしても難波の宮に戻ろうとしなかったので、使者の口子臣《くちこのおみ》とその妹の口比売《くちひめ》と奴理能美と三人で相談して、「皇后がここに来られたのは奴理能美の飼っている虫が、一度は匐《は》う虫となり、一度は殼《かいこ》となり、一度は飛ぶ鳥となり、三色に変る珍らしい虫なので、これを見においでになっただけです」と天皇に奏した。そこで天皇が「自分も珍らしく思うから見に行こう」と言って奴理能美の家に行ったとき、奴理能美は飼っていた虫を皇后に献った。

三色に変る虫というのは、伴信友《ばんのぶとも》が言ったように（『比古婆衣《ひこばえ》』）、いうまでもなく蚕のことで、これは伝説ではあるけれども、渡来当初の努理使主の生活の様がよくうかがわれるのである。

やがて前述のように五世紀の末か六世紀の初め頃に秦氏は秦部の伴造となり、また各地の秦部の直接の管理者として、秦人と呼ばれる下級帰化人を部下に持つようになったらしいわけで、後になって史料に現れる秦首・秦公・秦連・秦勝・秦人・秦子・秦冠・秦姓などという地方的小豪族は、たいてい秦人の子孫と思われる。また、勝部および河辺勝・常勝・塔勝など勝という姓（カバネ）を持つものも、秦氏と関係があるもののように思われるふしもあるが、確かなことはわからない。勝はスグリと読むという説があり、またカチと読むという説があるが、たいていは帰化人の持つ姓だと言われている。

こうなってからは明らかに秦氏は、漢氏と同様、直接実務には携わらない一豪族となっているが、一族はしだいに繁延し、京都盆地の各地、近江の朴市《えち》（愛智郡）、摂津の豊島《てしま》郡などの地方に分れて発展したらしい。また秦氏は或は居住に就き、あるいは行事に依《よ》って数腹に分れた（『姓氏録』）といい、その中で川辺腹・田口腹というのがあって、山城に居住していたことがわかる（『本朝月令』所引秦氏本系帳、神亀三年山背国愛宕郡雲下里計帳）。

京都盆地では、鴨川・桂川にわたる氾濫《はんらん》平野の開拓の主力となり、同地方に確乎《かっこ》たる地方勢力を築いて、賀茂・松尾・稲荷などの神社と深い関係を持つようになった。賀茂神社では、鴨氏が秦氏の聟《むこ》となったので、秦氏が禰宜《ねぎ》となって祭を行うことになったといい（秦氏本系帳）、松尾神社は大宝元年（七〇一）に川辺腹の秦忌寸都理《つり》が日埼の岑から松尾に勧請して、子孫代々その祝《はふり》となったといい（同）、稲荷神社については、『山城国風土記』の逸文に、「伊奈利《いなり》と称するは、秦の中つ家の忌寸等の遠祖伊侶具《いろぐ》の秦公、稲粱を積みて富裕あり。よりて餅をもって的となせば、化して白鳥となり、飛翔して山の峰に居り、いねなり生ず。遂に社の名となす」という伝説があり（神名帳頭註諸社根元記）、やはり八世紀の初め和銅の頃から、秦氏の人が禰宜・祝となって春秋の祭に奉仕したといわれる（二十二社註式）。

このように日本の固有の信仰と早く結びついたのは、主に在地勢力として発展したためかもしれないが、帰化人の中ではやや異色といってよいであろう。

もちろん河勝が広隆寺を建てたことで知られるように、秦氏が精神的文化的生活の面で帰化人に共通の先進的な特徴を持っていなかったわけではない。政治的活動の面でも、しだいに官制化してくる朝廷の政治組織の中で、一定の地位を占める者がなかったわけではない。聖徳太子の下における河勝がそうで、大仁の冠位を与えられ（太子伝補闕記）、のち大化後の冠位では、大花上（十九階冠位の第七）だったという伝えがある（広隆寺縁起）。

また秦氏の一部が早くから内蔵や大蔵の事務に携わり、朝廷の財務に関係していたことも事実らしい。さきに椋部秦久麻、のちに秦大蔵造・秦大蔵連・秦長蔵連などの名が文献に見えており、『古語拾遺』には、「……蘇我麻智《まち》の宿禰をして三蔵（斎蔵・内蔵・大蔵）を検校せしめ、秦氏その物を出納し、東西文氏その簿を勘録す。ここを以て漢氏に姓を賜いて内蔵・大蔵となす。いま秦漢二氏、内蔵・大蔵の主鑰《しゆやく》・蔵部となるの縁《ことのもと》なり」と述べている。

しかし、他の帰化人の氏とくらべて、秦氏の特徴は在地的ということであろう。それは秦部の技術が一般化して、そう珍しいものでなくなり、糸・綿・絹の貢納が普通の農民にも広く課せられるようになったため、その伴造としての秦氏の存在意義が薄くなったことが、一番大きな理由ではないかと思われる。従って、一族の拡がりや部民の数やその実質的な富力においては、やはり漢氏に次ぐものだったけれども、朝廷における政治的地位あるいは勢力ということになると、それほど大きいものではなかったと見るべきであろう。

大化以後も事情は大して変らない。改新の際には、例の古人大兄皇子の事件で、関係者の中に朴市秦造田来津《えちのはたのみやつこたくつ》が倭漢文直麻呂と並んでその名を列ねて居り、大化五年（六四九）改新政府の右大臣蘇我山田石川麻呂《そがのやまだの》が讒言《ざんげん》のために中大兄皇子に殺されたときに、秦吾寺《あてら》が一緒に斬られているが、改新運動に対する秦氏全体の動きはほとんどわからない。もともと漢氏ほど政界と密接な関係を持っていなかったし、とくに積極的な動きも示さなかったと思われる。

　田来津は文直麻呂と同様、その後また政府に用いられ、小山下（十九階冠位の第十四）を与えられており、斉明天皇七年（六六一）百済回復の遠征軍派遣に際しては、狭井《さい》連檳榔《あじまさ》とともに五千余の軍を率い、百済王子豊璋（余豊）を送って百済に渡り、翌々年八月、白村江《はくそんこう》口における唐の水軍との決戦で、日本の船陣が総崩れになるや、天を仰いで誓い、歯をくいしばり、嗔《いか》って数十人を殺して討死した。この戦で奮戦の名を残しているのは田来津ただ一人である。

　その後、壬申の乱（六七二）まで史上に名前の現れるものはない。乱においても天武方に秦造熊・秦造綱手、近江の将として秦友足《ともたり》が名を現すだけで、その活躍は漢氏にくらべてはるかに及ばないから、この乱も大して秦氏の境遇に変化を与えなかったと見るべきであろう。そののち天武天皇十二年（六八三）に漢氏より一歩おくれて連に改姓され、同十四年（六八五）には漢氏らと共に忌寸に改姓されたが、奈良朝に至るまで、政治上でとくに取り立てて言うべきこともない。

第二編　後期の帰化人

1　王辰爾の一族

「古い帰化人」について、第一編で長々と筆を費やしたけれども、結局、はっきりした事実はあまりわからなかった。しかし、全体として、ことに漢氏とか西文氏とか秦氏とか、代表的な氏において、六世紀の後半頃から実際の業務と離れてゆく様子が、だいたい明らかになったと思う。

彼らのうち、代表的なものは中央の有数な豪族の仲間入りをし、下級の帰化人は、漢人・秦人などとなって漢氏や秦氏の指揮下に組み入れられたり、努理使主《ぬりのおみ》の子孫のように単独で小さい氏を形づくったりした。また、捕虜・掠奪《りゃくだつ》その他で強制的につれて来られたものは、部民にされて畿内の土地開発や手工業生産に充てられた。

これらが全体として、大和朝廷のいわば職業組織を構成し、氏姓制度を形成・整備させる中核となり、古代社会の進展の推進力となっていたわけであるが、これがその実質を失うようになった主な理由は、やはり彼らの知識・技術の旧式化という点にあるであろう。

朝鮮では、楽浪《らくろう》・帯方《たいほう》の二郡が滅び、高句麗・百済・新羅が鼎立《ていりつ》するようになった四世紀のころは、まだ漢・魏以来の楽浪を中心とする中国文化が支配的だった。漢氏が先祖の渡来伝説の中で、阿智王は神牛の教えによって中国本土から帯方郡に移り、そこに国邑を建ててその人民を養っていたと称したのは（『続紀』延暦四年六月癸酉条）、あまりあてにならないとしても、「古い帰化人」の知識・技術の源泉が、漢・魏文化の系統に属するものであったことは、だいたい間違いがないであろう。

日本には周代の古音が残っていると言われる。例えば、蘇我《そが》を巷宜、広庭尊（欽明天皇）を比里爾波乃弥己等《ひろにわのみこと》と書き（元興寺露盤銘）、屯倉《みやけ》を弥移居と書く（『書紀』）場合の巷《そ》・宜《が》・里《ろ》・移《や》などがそれで、七世紀頃には、後世とは異った音が使われていたことが知られる。これは古い帰化人が持って来て、史《ふひと》たちが使用していた字音で、最近では、周代というよりは主に漢・魏の音だろうと考えられるようになってきたが、そうだとすれば、これもやはり「古い帰化人」の文化系統を示すものと見ることができるであろう。

ところが、五世紀に入ってからのち、南鮮とくに百済は中国南朝と密接な関係を持つようになって、六朝文化を受け容れ、北鮮でも高句麗に北朝の文化が流れ込み、それがいろいろの形をとって日本にも影響を及ぼしてくるようになった。のみならず、いわゆる倭の五王の遣使の事実が示すように、大和朝廷と南朝との直接の通好も行われた。

この通好の主な目的は政治的なものだったけれども、これに伴って文化の直接摂取がある程度行われたことは当然想像される。そうなれば、二百年も以前の漢・魏系統の文化が旧式化するのは自然の成り行きであって、しかも古い帰化人の知識・技能は、氏姓制度という枠の中で、世襲職という封鎖的・因襲的な学習方法によって、親から子に伝えられていたのだから、それ自身で発展する可能性はほとんど与えられていなかった。

しかし、この旧式化がはっきり表面化したのは、もう少したって六世紀の半ばころになってからだったが、それにはそれでまた別の事情があった。それは一口に言えば、君主制の再強化という動きである。この点については、前に東漢氏のところで触れたから詳しいことは省略するが、欽明天皇にせよ聖徳太子にせよ、政治力の強化をはかるためには、必然的に進んだ行政方式、生産技術を採用しようとすることになる。ところが古い帰化人の伝習している知識・技能は、これに応えるに足らず、しかも彼らは、氏姓制度の本来の軌道に沿って、君主制とは反対の貴族制を成長させる方向に進んでいる。ということになれば、どうしても新参の帰化人が用いられて朝廷で頭角を現してくることにならざるを得ない。

この時期の人材登用・門閥否定という現象には、そういう面が含まれていることを、とくに留意する必要があろう。こうして史上にはっきりと姿を現してくる「新しい帰化人」の先頭に立つものが、最初に述べた「烏羽《うう》の表《ひょう》」の話に出てきた王辰爾《しんに》であり、その一族である（王辰爾の一族については、井上光貞氏「王仁の後裔氏族と其の仏教」『史学雑誌』五四ノ九に詳しい）。

王辰爾の名が初めて史料に現れるのは、『日本書紀』の欽明天皇十四年（五五三）、すなわち新羅に任那を奪われた年の翌年、秋七月甲子の条である。それは、このとき大臣《おおおみ》の蘇我稲目《いなめ》が天皇の命をうけ、王辰爾を遣わして船賦《ふねのみつぎ》を数え録《しる》させた。それで辰爾を船長《ふねのつかさ》とし、船史《ふひと》という姓を与えたという記事である。船賦というのは、正確にはわからないが、字の意味から言えば船に関する税であるから、朝鮮からの貢調に伴って行われていた交易に対する関税のようなものであろう。彼はこういう重要な業務に与《あずか》ることによって、はじめて一定の地位を確保したのであるが、その後十数年たって、高句麗の上表文を解読するという功を立て、大いに名を著したわけである。

そののち推古天皇十七年（六〇九）四月に、百済僧道欣・恵弥をはじめ道俗合せて八十五人が肥後国の葦北《あしきた》の津に漂着したとき、船史竜《りゅう》という者が、難波吉士《きし》徳摩呂《とこまろ》とともに現地に遣わされて、事情を調べており（『書紀』）、同十六年に遣隋使の小野妹子が隋の使人裴世清《はいせいせい》以下十三人とともに帰国したとき、船史王平《おうへい》が中臣宮地連烏摩《なかとみのみやこのむらじおま》呂《ろ》・大河内《おおしこうち》直糠手《あらて》とともに、江口の客館の接待役となっているが（『書紀』）、この竜や王平は辰爾の子か孫で、家業によって渉外の仕事に当ったものであろう。

また辰爾だけでなく、彼の一族もこのころ同時に朝廷に進出している。まず彼の弟の牛《うし》は、敏達天皇三年（五七四）十月に津史《つのふひと》の姓を与えられたが（『書紀』）、これもその名が示すように、港津の関税あるいは交通税の事務を管掌するものであろう。船史といい、津史といい、朝廷が新しく直接収入の財源を確保するために、新しい帰化人の業務を設定するというのは、注目に値することであって、従来の史よりも一段と官僚的な匂いを感じさせるものである。

つぎには白猪《しらい》の屯倉《みやけ》に関する胆津《いつ》の働きがある。胆津は辰爾の甥だというが、恐らく兄の子であろう。このことについては、『書紀』の数ヵ所に一連の記事が見えており、それによると、まず欽明天皇十六年（五五五）七月に、大臣蘇我稲目と穂積磐弓《いわゆみ》が吉備《きび》の五郡に使して白猪屯倉を設置した。これは広い地域にわたるものであり、しかも屈指の地方豪族である吉備国造の勢力範囲内であるから、かなり思い切った画期的な朝廷財源獲得策だったのであろう。ついで翌十七年七月にも稲目らが備前の児島郡（吉備の一部）に赴いて屯倉を新設し、葛城山田瑞子《みずこ》を田令《たつかい》（必要なときだけ中央から現地に赴く監督者であろう）に任命した。恐らくこれは白猪屯倉全体の田令で、児島に新設した屯倉もその一部をなしたのであろう。

ところが十数年たつと、屯倉設置後に生まれた者が課税できる年齢に達しているにもかかわらず、戸籍にのせてないために、負担を免れる者が多い状態になった。そこで欽明天皇三十年（五六九）に、胆津を遣して、田部の戸籍を検《しら》べ定めさせたところ、命のままに戸籍を作成することに成功した。その功によって、胆津は白猪史《しらいのふひと》の姓を与えられ、ついで田令に任命された。敏達天皇三年（五七四）には、さらに大臣の蘇我馬子（稲目の子）が吉備に遣されて、白猪屯倉とその田部とを増益し、その田部の名籍を胆津に授け、翌年帰還した。

このように綿密な戸籍を基礎にして厳重に課税する方法は、後に律令政府が全国一律に施行した籍帳制度の先蹤《せんしょう》をなすものであって、重要な新支配方式の採用である。もちろん屯倉は、以前から朝廷の経済力の基礎となって来たものではあるが、同じく屯倉と呼ばれるものにも、いくつか種類があり、その制度にも自ら変遷があったと考えなければならない。それがこの時期にこういう方式が採用され、その際に辰爾の一族が登用されて才能を発揮したというのは、やはりさきに述べたような事情によると考えられるのである。

さらにやや年代が下って、船史恵尺《えさか》がある。彼も辰爾の子か孫であろう。皇極天皇四年（大化元年、六四五）六月に中大兄皇子・中臣鎌足らは蘇我入鹿《いるか》を宮中で殺し、大臣蘇我蝦夷《えみし》と戦うために法興寺に陣を張ったが、蝦夷は形勢の非を見、死に臨んで天皇記・国記・珍宝をことごとく焼いた。このとき恵尺が、焼けようとする国記をすばやく取り出して、中大兄皇子に献ったという（『書紀』）。この天皇記・国記というのは、聖徳太子がその晩年に、大臣蘇我馬子と議して編纂《へんさん》に着手したわが国最初の史書で、推古紀二十八年の条には、「天皇記及国記、臣連伴造国造百八十部幷公民等本記」とあるが、全部は完成していなかったものと見られている。

恵尺がこれを炎の中から救い出したのは、よく寺院の火災で本尊が奇蹟的に助かるのと同じで、彼が精魂を傾けてこの史書の編纂に当っていたからであろう。救い出された国記も、今日ではその内容は全くわからないが、この史書が、君主制を強化しようという聖徳太子の政治目標と、深い関係を持つものだったろうということは、その書名からも察しられる。従ってここにもまた、王辰爾一族の特異な立場が現れているといってよいであろう。

なお、大化以前の船氏について知られる者に、もう一人王後《おうご》がある。王後は辰爾の孫らしく、敏《び》達《だつ》天皇の代に生れ、推古・舒明両天皇に仕えて功勲があり、大仁（十二

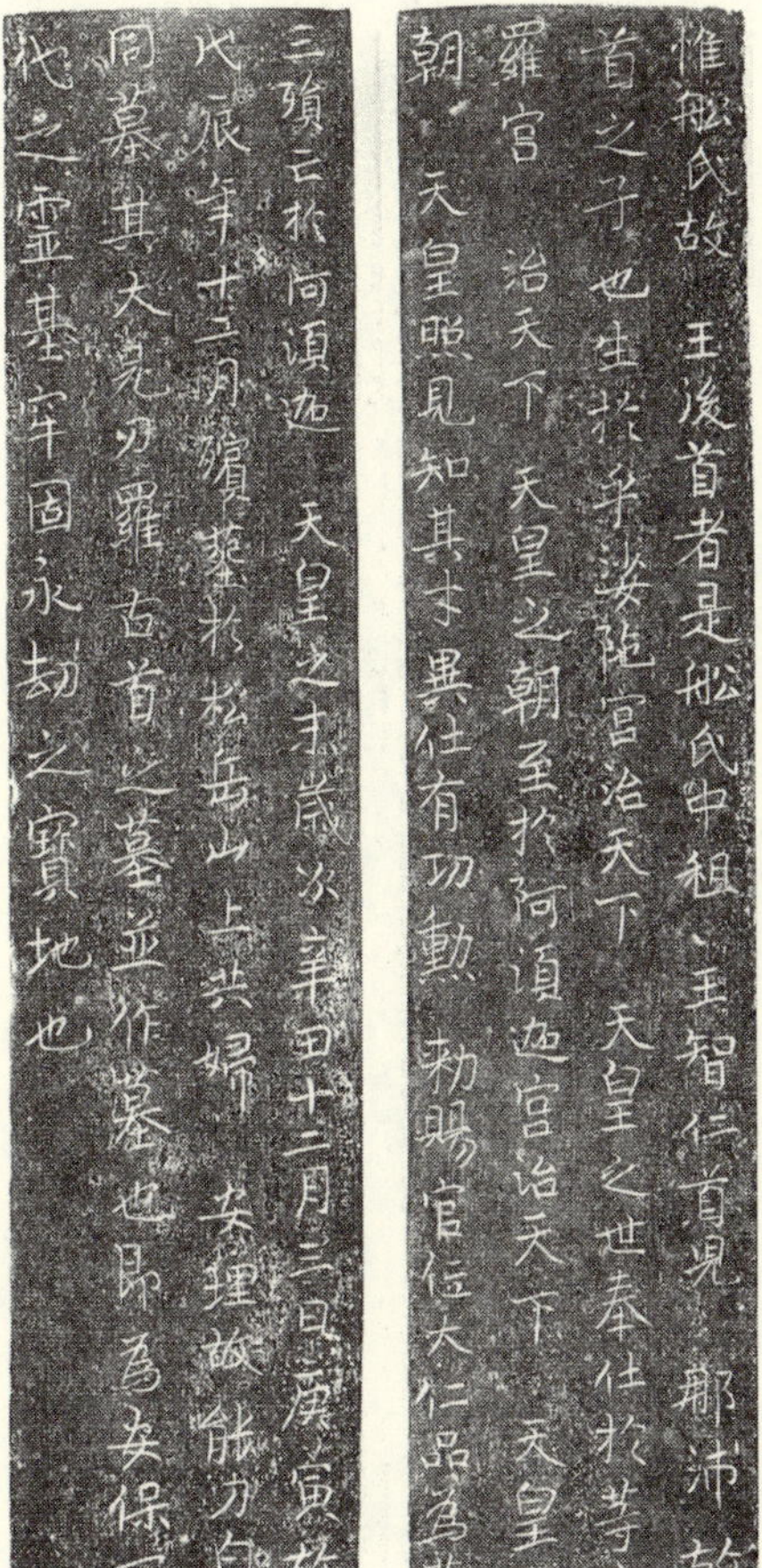
惟舩氏故 王後首者是舩氏中祖 王智仁首児 那沛故
首之子也生於乎娑陁宮治天下 天皇之世奉仕於等由
羅宮 治天下 天皇之朝至於阿須迦宮治天下 天皇之
朝 天皇照見知其才異仕有功勲 勅賜官位大仁品為第
三殞亡於阿須迦 天皇之末歳次辛丑十二月三日庚寅故
戊辰年十二月殯葬於松岳山上共婦 安理故能刀自
同墓其大兄刀羅古首之墓並作墓也即為安保万
代之霊基牢固永劫之寶地也

船首王後墓誌銘　拓影（三井記念美術館蔵）

階冠位の第三）の冠位を与えられ、舒明天皇十三年（六四一）に死んだという（船首王後墓誌銘）。この経歴から見て、彼も官僚的な存在だったことが推測される。

王後の墓誌は大阪府南河内郡国分町（現柏原市）の松岡山古墳から発見された長方形（縦三〇センチメートル弱、横七センチメートル弱）の銅板で、表面に四行、裏面に四行にわたって、次のような銘文が記されている。

惟《こ》れ船氏の故王後首《おびと》は、是れ船氏の中祖王智仁首の児、那沛故首の子なり。乎娑《おさ》陀《だ》宮治天下天皇（敏達）の世に生れ、等由羅《とゆら》宮治天下天皇（推古）の朝に奉仕し、阿須迦《あすか》宮治天下天皇（舒明）の朝に至る。天皇照《あきら》かに見て、其才の異にして仕えて勲功あるを知り、勅して官位大仁品を賜い、第三と為す。阿須迦の天皇の末、歳次辛丑（舒明天皇十三年）十二月三日庚寅に殞亡す。故に戊辰の年（天智天皇七年、六六八）の十二月に、松岳山上に殯葬《ひんそう》す。婦の安理故能刀自《ありこのとじ》と共に墓を同じくす。その大兄の刀羅古《とらこ》首の墓も、並びて墓を作るなり。即ち安保万代の霊基、牢固永劫の宝地となすなり。（原漢文）

ここで首というのは正式の姓（カバネ）ではなく、一族の中で用いられていた敬称であろう。王智仁とあるのは王辰爾のことと考えられている。中祖とは、中興の祖という意味ではなく、三氏に分れたうちの中の氏の祖だったことを指すのであろう。

このようにして王辰爾の一族は、六世紀後半に船・津・白猪の三氏に分れ、そろって活躍を示しはじめた。その居住地は現在の大阪府南河内郡の北部で、船氏が河内国丹治《たじひ》郡野中郷、今の野中寺の付近、津氏が同郡高鷲の大津神社付近、白猪氏（のち葛《ふじ》井《い》氏と改姓）も同郡で今の藤井寺付近とすると、互いに一〜一・三粁《キロメートル》ほどの近距離だった。

これは西文氏一族の居住地と非常に接近した地域で、文・武生・蔵の三氏と船・津・白猪の三氏を全部包含する円を画いても、その半径は二粁ほどにすぎないという（井上氏前掲論文）。そのため、大化前後の頃はまだそれほどでもなかったらしいが、時とともにしだいに生活の上で極めて密接な関係を持つようになった。同じ百済からの帰化人であり、ほぼ同等の社会的地位を有する氏として、それはごく自然のことであろう。

しかし、同時にその反面、史という同種の職務に携わったものとして、恰好《かっこう》の競争相手でもあった。もちろん古い伝統に従えば、西文氏は河内在住の史ら全体の上に立つ家柄であるが、しかし第一編で述べたように、その不振は覆いがたく、大化前後頃になれば、王辰爾一族の優勢はほぼ決定的になったといってよい。

それは、その後八世紀の末ころまでの両系統の人々の活躍を比較してみれば一目瞭然であろう。学芸において、白猪宝然（骨）は遣唐留学生となって天武天皇十三年（六八四）に帰国し、その後大宝律令の撰定に参加し、葛井諸会《もろあい》・同広成《ひろなり》・船沙弥麻呂《さみまろ》は大学に学んで秀才より出身し、その試験答案である対策の文を『経国集《けいこくしゅう》』に残しており、ことに広成は天平年間に入る頃、代表的な文雅の士に数えられた。遣唐留学生としては、ほかに天平勝宝六年（七五四）に帰国した船夫子《ふうし》もある。

また外交関係では、白猪阿麻留《あまる》は遣唐小録、葛井広成は遣新羅大使および新羅使接待役、津主沼麻呂《すぬまろ》は遣新羅使、葛井子老《こおゆ》は遣新羅使、津真麻呂《ままろ》は新羅使接待役になっている。さらに僧侶としては、船史恵尺の子で白雉《はくち》四年（六五三）に入唐し、帰国して法相宗を伝えたと言われる元興寺の道昭、やはり船氏と伝えられ、新羅から華厳の経典をもたらしたと言われる興福寺の慈訓《じきん》、葛井氏から出た大安寺の慶俊《きょうしゅん》がある。

これらに対して、西文氏系統の者では、わずかに斉明天皇二年（六五六）に遣高麗使の中判官となった河内書首（名は不明）と、宝亀三年（七七二）に送渤海《ぼっかい》客使となった武生鳥守が文献に見えるだけで、ほかにこれというほどのものは全くないのである。

この王辰爾系統の三氏のうち、船史は天武天皇十二年（六八三）に船連となり、白猪史は養老四年（七二〇）に葛井《ふじい》連と改姓し、津史は一番おくれて天平宝字二年（七五八）に津連となった。八世紀の間かれらと西文氏との生活上の関係はますます密接となり、神護景雲四年（七七〇）三月に、称徳女帝が河内の由義《ゆげ》宮に行幸して、博多川に臨んで宴遊した数日後には、葛井・船・津・文・武生・蔵の六氏の男女二百三十人が歌垣を行って、病気の女帝を慰めた。

そのときの様は、青い着物に紅の紐《ひも》を長く垂れ、男女各々二列になって進み、

乙女らに男立ち添い踏み鳴らす西の都は万世《よろずよ》の宮

淵も瀬も清くさやけし博多川千歳を待ちて澄める川かも

その他四首の歌をうたい、歌の曲折ごとに袂をひるがえしたという（『続紀』）。

ところがやがて延暦九年（七九〇）、西文氏系統との生活上の一体化と政治上の勢力の優越とを背景に、津連真道《まみち》は西文氏の伝承と全く同じような伝承を作り上げ、百済王氏の口添えを得て改姓を申請し、菅野朝臣《あそん》という高い氏姓を獲得した。

続いて翌年正月には、これにならって葛井連は葛井宿禰《すくね》に、船連は宮原宿禰に、津

連の残ったものは津宿禰と中科《なかしな》宿禰にそれぞれ改姓を認められた。文・武生両氏は後を追ってすぐに宿禰に改姓されたけれども、ここに至って遂に姓（カバネ）の上でも、西文氏系統より一歩先んじることになったのである。

津連真道らの上表は、次のように述べている。

真道らの本系は百済国貴須《きしゅ》王より出づ。……その後、軽島豊明朝御宇応神天皇、上毛野氏の遠祖荒田別に命じ、百済に使して有職者を捜聘せしむ。国主貴須王、恭しく使の旨を奉じ、宗族を択び採り、その孫辰孫《しんそん》王（一名智宗《ちそう》王）を遣して、使に随って入朝せしむ。天皇嘉《よみ》して特に寵命を加え、以て皇太子の師となす。ここに於て始めて書籍を伝え、大いに儒風を闡《ひら》く。文教の興り、誠にここに在り。難波高津朝御宇仁徳天皇、辰孫王の長子太阿郎王を以て近侍となす。太阿郎王の子は亥陽君、亥陽君の子は午定君。午定君三男を生む。長子は味沙、仲子は辰爾、季子は麻呂。これよりして別れて始めて三姓となり、各々職とする所によりて氏を命《なづ》く。葛井・船・津の連ら即ち是れなり。……（『続紀』）

これによると、辰爾の一族は最も古い帰化人に属することになる。しかし、百済の王族であること、応神天皇が荒田別を遣して学者を召したこと、その時に来朝したこと、皇太子の師となったこと、初めて書籍を伝えたことなど、西文氏における王仁の伝説と全く同じであって、これほど同じことが二度あるわけがない。従ってこの上表で述べていることは明らかに事実ではない。

また、船史恵尺が天皇記・国記以下の史書の編纂に携わっていたくらいだから、もしこれだけの由緒がある氏ならば、何か記録を残していたはずであるのに、記・紀に全く片影すら見当らないから、彼らが新しい帰化人であることは、まず間違いがないであろう。六、七世紀ころに王辰爾・王平・王後などという日本化しない名前を持っていた点からもそれは想像できることである。

2　鞍作氏と新漢人

「新しい帰化人」として著れてきたものは、王辰爾一族のような文筆の氏だけではない。手工業その他の技術をはじめ、種々の特殊技能を有する者についても、新しい帰化人の活躍が広く前面に押し出されてきた。

例えば、和薬使主《やまとのくすりのおみ》という氏の祖は呉国人の智聡《ちそう》という人で、欽明天皇のときに内外典・薬書・明堂図など百六十四巻、仏像一体、伎楽《ぎがく》調度一具を持って、大伴狭手彦《さてひこ》に従って来朝した。そののち孝徳天皇のときに、子の善那《ぜんな》使主が牛乳を献上したので、和薬使主という氏姓を賜ったと伝えられるが（『姓氏録』）、これは医薬専門家の採用である。

同じく医術で恵日《えにち》は、雄略天皇のときに百済から来た才人《てひと》の徳来の五世の孫だというが（『続紀』天平宝字二年四月己巳条）、遣隋留学生となって医術を学んで帰り、薬《くす》師《し》の姓を与えられ、舒明天皇二年（六三〇）に第一回遣唐使として犬上御田鍬《みたすき》とともに再び渡航し、さらに白雉五年（六五四）にも遣唐副使となって唐に赴いた。留学から戻ったときに「それ大唐《もろこし》の国は法式備わり定まる珍しき国なり。常にすべからく達《かよ》うべし」と報告したのは彼である。

また水臬《みずはかり》（水準器）を製造したり（天智紀十年三月庚子条）、唐から仏足石《ぶつそくせき》を写してきたり（仏足石記）した黄書本実《きぶみのほんじつ》の先祖は、高句麗からの帰化人で、推古天皇十二年（六〇四）に黄書画師《えかき》の姓を与えられたものであるが、帰化人でこの頃画師として用いられたものは、ほかにも多かったようである。

有名な百済僧の観勒《かんろく》が来たのは推古天皇十年（六〇二）であるが、このとき観勒について暦法を学んだのは陽胡《やこ》史の祖の玉陳で、天文・遁甲《とんこう》（一種の占星術）を学んだのは大友村主高聡《こうそう》だった。これは帰化人の子弟に特技を習得させて、その家に伝えさせたものであって、同二十年（六一二）に帰化した百済人の味摩之《みまし》について伎楽の儛《まい》を習得した真野首弟子と新漢斉文《いまきのあやのさいもん》も、任那系の帰化人の子弟だった。こういうやり方で帰化人の智能を利用することも、しばしば行われたと思われる。また、造寺・造仏工・易・暦・医博士・僧侶・楽人その他、このころ渡来した人をそのまま使用・登用している例は、もちろん非常に多い。

聖徳太子の政治から大化改新へと、君主制が強化され、中央集権化がすすめられていった当時の歴史の動きには、このように下級帰化人の実質的技能を採り入れて進むという、かなり積極的な面があった。しかしまた同時に、その改革運動は、これらの帰化人が主に技術者でありながら、新しい知識を持っているというだけで、仏教とか学問とかの精神文化面でも中央の人々をリードする事態が生ずるほど、後れた一般的水準の上に立って強行されたものでもあった。君主制強化と中央集権化の要望が、必ずしも社会の内的発展の結果うまれたとばかりは言えず、やがて実現した律令支配の体制が、必ずしもはっきりした専制君主制でなかった理由は、そこにある。

海外からの強い政治的・文化的刺戟の下に社会の変動が起る場合には、それはよくあることであって、当時かれら下級帰化人の中から、専門的技能の範囲をこえて活躍するものが現れたのも、やはりそれだけの必然性があったというべきであろう。そういう活躍を示したもので特に目立つのが、鞍作氏《くらつくりし》と新漢人《いまきのあやひと》たちである。

鞍作氏の祖は司馬達等《しばたつと》である。彼は、公式の伝来より前に日本で最初に仏教を信仰した人として名高いが、それは、『扶桑略記《ふそうりやつき》』に引かれた『法華験記《ほっけげんき》』に、延暦寺僧禅岑《ぜんしん》の記という本の文章が引かれていて、そこに書かれていることである。

それには、大唐の漢人の案部《くらつくり》村主司馬達止《たつと》が継体天皇の十六年に渡来して、大和国高市《たけち》郡の坂田原に草堂を結んで本尊を安置し、帰依礼拝したとある。『扶桑略記』や『法華験記』は、はるか後の平安時代に書かれた書物だし、禅岑記というのがどういう書物かよくわからないから、この伝えがどこまで事実か不明だけれども、のちの彼の事蹟から考えれば、彼が新しい帰化人で、初めから仏教を信仰していたという点はそのまま受け取ってよいであろう。渡来の時期も、大ざっぱに六世紀の前半か中頃とすれば、だいたい間違いないと思われる。南梁《りよう》の人だと書いてあるものもあるが（元亨釈書）、中国人とすれば年代から言って当然南朝の梁だと推定して書いたものであろう。

仏教が初めて正式に伝えられたのは欽明天皇の時で、百済の聖明王が使を遣わして、金銅の釈迦仏像一体と幡《はた》・蓋《きぬかさ》と経論とを朝廷に献《たてまつ》ったといわれる。

『日本書紀』ではこれを同天皇十三年（五五二）としているが、『法王帝説』・元興寺《がんごうじ》縁起《えんぎ》その他によって、同天皇が即位して七年目頃の戊午の年（五三八）と考えるほうが正しいであろう（辻善之助博士『日本仏教史』上世篇、林屋辰三郎氏「継体・欽明朝内乱の史的分析」など参照）。はじめは、仏法を受け容れようとするものは大臣の蘇我氏と帰化人の一部に限られ、大連の物部氏をはじめ諸豪族の反対が強かったが、次第に状勢が好転していった。

達等はこの時期の崇仏派の主要人物として現れる。敏達天皇十三年（五八四）に甲賀臣・佐伯連（共に名は不明）が百済から仏像を持って来たが、この頃蘇我馬子は達等と池辺直氷田《ひた》を遣わして仏法修行の経験者を各地に探させ、やっと播磨国で高麗恵便《こまのえびん》という者を見つけた。恵便は帰化人で、日本に来てからは俗人の生活をしていたようであるが、これを師として三人の女子を出家させた。これが実に日本における最初の出家で、その第一が達等の娘の島だった。あとの二人は漢人夜菩《やぼ》の娘と錦織壺《にしごりのつふ》の娘で、いずれも下級帰化人の娘であった。

やがて仏法に心を寄せていた用明天皇が位につき、さらに次の崇峻《すしゅん》天皇の即位の際に、蘇我馬子が諸皇族・豪族の協力を得て物部守屋を討ち滅ぼすと、仏教の前途は大きく開けた。

寺工・鑪盤博士・瓦博士・画工などの工人が百済から招かれて、わが国最初の本格的な寺院の建築が飛鳥の真神原《まがみのはら》に開始された。この法興寺（元興寺）の建立は、蘇我氏と聖徳太子・推古天皇などが推進者となり、帰化人の技術者も多く動員された。

このころ達等の子の多須奈《たすな》は、用明天皇の冥福《めいふく》を祈るために出家して徳斉法師と称し、高市郡の南淵の坂田寺と丈六の仏像および挟侍菩薩像を造った。多須奈と同時に大伴狭手彦の娘の善徳、大伴狛夫人の新羅媛善妙・百済媛妙光、漢人の善聡・善通・妙徳・法定照・善智聡・善智恵・善光らが出家したというが、これらもほとんど帰化人ばかりである。

ついで崇峻天皇が馬子に殺され、最初の女帝推古天皇が位について、聖徳太子が摂政となると、仏教興隆は政策の前面に掲げられるようになった。

法興寺の建立は、当時の中央における一大文化事業として着々と進行して、推古天皇四年（五九六）に建築が完成し、同十四年（六〇六）に仏像ができ上ったといわれる。止利《とり》仏師として名高い鞍作鳥《とり》は多須奈の子、達等の孫で、本尊の見本図を提出して採用され、諸工人を指揮して、丈六の金銅釈迦像と繡像の製作に当った。

工人の中には鞍作加羅爾《からに》もいた。金銅像が完成したとき、金堂の戸口より像の丈が高いために、堂内に入れることができなかったが、鳥の工夫で戸を壊さないで済んだ。天皇は感嘆して、達等から鳥に至る三代の仏法興隆に尽した功績を賞讃し、彼に大仁の冠位を与えた。四天王寺・法隆寺をはじめ寺院建築が盛んに行われた当時の気運の中で、彼が腕をふるった仏像はその数が多く、光背の銘に「司馬鞍首止利仏師をして造らしむ」とある法隆寺金堂の釈迦三尊像をはじめ、止利様式と呼ばれるすぐれ

釈迦三尊像（法隆寺蔵）

た作品が、推古仏の中の代表的存在として今日まで残っている。

このほか鞍作氏では、推古天皇三十二年（六二四）に最初の僧官として、僧正になった観勒とともに僧都に任命されたという徳積《とくさか》がある。また同十五年（六〇七）に遣隋使の通事（通訳官）として渡航し、翌年再び隋に赴いてそのまま帰らなかった福利や、高麗学問僧となって高句麗で毒殺されたという得志がある。

鞍作氏は、飛鳥時代という文化昂揚《こうよう》期の波に乗って、史上に大きくその姿を現した。しかしそれは主として仏教関係の面においてだったから、君主制の強化というよりは皇室と蘇我氏の提携による中央政治力の強化という線に結びついていた。そのため、蘇我氏との関係がかなり深くなったらしく、やがて大化改新で蘇我氏の権力が打倒されるに至って、史上からほとんど姿を消すことになるのである。蘇我入鹿が一名鞍作臣《くらつくりのおみ》とも呼ばれたのは、彼の乳母が鞍作氏の人だったからか、あるいはほかの理由からか、とにかくそういう事情を物語るものであろう。

これに対して、改新の推進勢力に結びついていったものに新漢人《いまきのあやひと》の一群がある。

推古天皇十六年（六〇八）、遣隋使小野妹子は隋使裴世清《はいせいせい》をつれて帰朝したが、同年のうちにこれを送って再び隋に遣わされた。このとき初めて留学生派遣のことが『日本書紀』に載っているが、その留学生は、学生として倭漢直福因・奈羅訳語恵《ならのおさえ》明《みよう》・高向《たかむこ》漢人玄理《げんり》・新漢人大国《おおくに》、学問僧として新漢人日文（旻《みん》）、南淵漢人請安《じようあん》・志賀漢人慧隠《えおん》・新漢人広済《こうさい》の八人である。恐らく実際にはこの八人だけではなかったであろう。前に述べた薬師恵日は隋に留学したのだから、前年に留学生の派遣がなかったとすれば、これもこの年であるし、恵日と共に同三十一年（六二三）に帰国した僧恵斉・恵光も同様である。

またそののち帰国した者として、僧旻《みん》・慧隠・請安・玄理のほかに、霊雲・勝鳥《すぐりのとり》養《かい》・恵雲などが知られるが、この中にもこの時の留学生が含まれているかもしれない。それはともかくとして、この八人の名を見ると、大半が漢人で、そのうちの三人までが新漢人である。

新漢人あるいは新漢の新（イマキ）は今来で、新参の意である。それが固有名詞化して、ここに見られるように人名にもなったし、また新漢人が多く集まって住んでいる場所の地名にもなった。高市郡を古く今来郡と呼んだといい（坂上系図・欽明紀）、飛鳥の法興寺の西側にあった有名な大槻を、新漢《いまき》の槻（雄略紀）とか今来の大槻（孝徳紀）と呼んだというのがそれである。

しかし新漢人という言葉は、雄略紀に出てきた陶部高貴らが、今来才伎とか新漢とか書かれているように、元来は一般に新来の漢人という意味の普通名詞だった。そういう意味にこの言葉を使えば、八人の留学生のうち三人だけでなく、高向漢人玄理も南淵漢人請安も志賀漢人慧隠も、みな恐らく新漢人の中に入るであろう。古い帰化人のしかも下級のものでは、とてもこの時の留学生に選ばれそうもないからである。

この留学生派遣は、いうまでもなく画期的な事業であり、歴史的意義の極めて大きいものであって、聖徳太子はこれによって新しい国家体制の確立に必要な各種の文物・制度・技術を積極的に導入しようと図った。

そういう重大な使命を担う者として選ばれたのが、ほとんど全部帰化人で、しかも大部分が新漢人だったことは、とくに注目の要がある。外国文化の学習に語学知識の便宜が大きく物を言うのは、いつの時代にもあることで、この場合もそういう事情が加わっていたかも知れないが、それにしても、当時彼らの文化的能力が、一般の日本人の中でいかに高かったかが、ここにはっきり示されていると言ってよい。

大化後の最初の遣唐使は白雉四年（六五三）に発遣されたが、そのときの留学生で名前の残るもの二十人のうち、帰化人とわかるもの三人（もっとも学問僧の大部分は帰化人だったであろう）に対して、帰化人でないことが明白な者が、定恵（中臣連鎌足の子）・安達（中臣連渠毎《こめ》の子）・道観（春日粟田臣百済の子）・巨勢臣薬・氷連老人《おきな》・坂合部連磐積《いわさか》の六人を数えるのと比較すれば、そのことがさらにはっきりするであろう。

ところで太子が隋から摂取しようとしたものは、文物・制度・技術の各方面にわたっていたにしても、その中心はやはり政治改革に資するという点にあったと思われる。ただ太子においては、まだ蘇我氏の打倒とか律令制度の採用とかいうほど具体的な方途が意識されていたとは考えられないから、留学生たちもそこまで明確なプランを胸に描いて出掛けて行ったわけではないであろう。しかし下級帰化人が置かれていた境遇からすれば、強力な君主権に直接結びついて官僚として進出するのが、地位を向上させる最も可能な途《みち》であり、高度の中央集権的体制の下で活躍するのが、手腕をふるうのに最も望ましいことであった。

だから、鞍作氏のように蘇我氏と特に深い関係を持つものでなければ、彼らが君主権の強化と中央集権制の確立という政治理想に結びつくのは非常に自然なことだったわけで、そこへ留学先で隋唐の律令支配という手本を見せられたのであるから、これを模範とする具体的な改革方式を研究し、帰国してこれを実行に移したのも、また自然なことであった。

もっとも、彼らの全部が政治運動にばかり身を投じたわけではない。僧旻は中国の祥瑞思想をも学び緯書《いしょ》を持ち帰ったらしく、天文の異変や祥瑞の出現に際して、しばしば朝廷に中国的な解釈を教えているし（舒明紀・孝徳紀）、諸氏の子弟を集めて周易の講義もしている（大織冠伝《たいしょくかん》）。南淵請安も儒学を講じている（皇極紀）。また僧慧隠は無量寿経を伝えて宮中などでこれを講じ、浄土の思想を紹介した（舒明紀・孝徳紀）。隋大業主浄土詩というものが載っている雑集という書を持ち帰ったのも彼だろうと言われる（辻善之助博士『日本仏教史』上世篇）。

しかし彼らの帰国によって、最新の中国文化が日本に導入され、中央豪族たちの文化水準が高められただけでなく、舒明天皇から皇極天皇の代にかけて、革新の気運が急に著しくなり、その目標が急に具体的になっていったことも確かである。

中大兄皇子や中臣鎌足を中心とする改革実行団体は、彼らと深く接触しながら形成されていった。『書紀』では、皇子と鎌足が人の目に立たないように、周孔の教えを学びに南淵先生の所に通いながら、その往復の路上で相談をし計画を進めたと伝え、大織冠伝には、鎌足が旻法師の堂で行われていた周易の講義に列席したとき、旻法師が鎌足の人物に目をつけて自重を促したという話が載っている。

とにかく当時の革新の気運に大化改新という具体的な形を与えたのは彼ら留学生たちであって、その中でとくに重要な働きをしたのが、改新政府の政治顧問役である国博士になった高向玄理と僧旻である。革新の一つの原動力となったことこそ、彼らの果した最も大きな役割であり、また聖徳太子の遣隋留学生派遣の最も大きな成果でもあった。

3　旻法師と高向玄理

皇極天皇四年（六四五）の夏六月、大臣蘇我蝦夷・入鹿父子が滅ぼされると、すぐに中大兄皇子は、叔父の孝徳天皇を立てて自分は皇太子となり、新政府を組織した。その首脳部は左大臣に阿倍内麻呂、右大臣に蘇我石川麻呂、内臣に中臣鎌足という顔ぶれだったが、これに加えて国博士というものを置き、旻《みん》法師と高向玄理《たかむこのげんり》の二人をこれに任命した。その数日後に最初の公式年号を定めて大化元年としたが、これは二人の国博士の意見から出たものであろう。博士というのは後の令の制度では、大学博士・医博士・陰陽博士《おんみようはかせ》から案摩《あんま》博士に至るまで、みな生徒に学問・技術を教授する官職の名称になっているけれども、これはそういう厳密な中国的な用法ではない。まえに百済から来た寺院建築の技術者の中に鑪盤博士とか瓦博士とかいうものがあったように、物事に通じている人に対する敬称として使われたもので、国政の最高顧問というほどの意味であろう。

旻法師は留学すること二十四年、その間に隋が倒れて唐が興り、太宗の貞観の世に至って隆々たる国勢を誇ったが、その六年、日本の舒明天皇四年（六三二）に、遣唐使犬上御田鍬の一行とともに、新羅を経て帰国した。彼は留学僧として派遣された僧侶だから、当然仏教の研究が主な目的だったにちがいないが、同時に儒学の素養を深く身につけ、むしろこの方面で多く活躍しており、僧侶としての事蹟はほとんど伝わらない。前節で触れた、彼が豪族の子弟をことごとく集めて周易を講じたという話も、そのことを物語っている。

また、舒明天皇九年（六三七）二月に大星が音をたてて東から西に流れ、人々が流星の音だとか地雷だとか言ったときに、彼は、「流星にあらず、これ天狗なり。その吠ゆる声雷に似るのみ」と説明し、同十一年正月に長星が西北に現れたときにも、「彗星なり。見ゆれば則ち飢《う》う」と説明したというが（舒明紀）、この説明は中国の緯《い》書《しよ》の文章をもとにしている。緯書は経書に対する讖緯《しんい》説の書で、卜筮《ぼくぜい》・占星・陰陽五行説などの思想に基づいて、天文・自然の現象を非科学的に説明し、さらに天人感応思想に基づいて、祥瑞や異変を時の君主の徳の表れ、あるいは政治の得失の表れとして解釈するものである。

これらの思想はすでに百済で盛んに流行していたから（『周書』異域伝）、ある程度すでに間接に日本にも入っていたにちがいないが、彼が初めてこれを中国から直輸入したと思われるのであって、緯書も恐らく彼によって初めてもたらされたものであろう。

新政府が発足してから大化五年（六四九）まで、新しい政策がつぎつぎに発表され、氏姓制度に代る新しい政治体制の基礎が固められていった。

ところが翌六五〇年になると、穴戸国（長門）から白い雉《きじ》が現れたというので、朝廷で大げさな祝賀の儀式が挙行されて、白雉《はくち》元年と改元された。この祝典には、大事業を成し遂げたという一種の自己満足の気分がうかがわれ、こののち急に改新運動の熱意が薄れたように見えるから、狭義の大化改新はこの時までだという意見が有力であるが（坂本太郎博士『大化改新の研究』）、とにかくこの祝典は、朝廷で祥瑞思想が公式に採り上げられた最初であろう。

このとき朝廷では、白雉出現の意味について人々に意見を求め、帝徳が天に感応して現れた祥瑞だから天下に大赦すべきだという旻法師の説が採用されたのである。彼が典拠として挙げたのは、「王者四表《よも》にあまねきときは、則ち白雉見ゆ」（春秋感精符）、「王者の祭祀、相踰《あやま》らず、宴食衣服節あるときは、則ち至る」（孝経援神契）、「王者清素なるときは、則ち山に白雉を出す」、「王者仁聖なるときは、則ち見ゆ」などという緯書の語句と、中国の史書に見える白雉出現の先例であるが、これが当時の人々に喜んで受け容れられ、祥瑞思想はその後永く律令貴族の政治思想に深い影響を与えることになった。奈良時代の改元はほとんど全部が祥瑞によるもので、孝経援神契・熊氏瑞応図・孫氏瑞応図・顧野王符瑞図などがそのたびに参照され、やがて瑞式という祥瑞のリストができたようであるが（『続紀』神護景雲二年九月辛巳条）、その源は彼にあったと見てよいであろう。

このような思想は、今日われわれから見れば全く非合理的であり、迷信的であるけれども、当時としては進んだ新しい思想だった。恐らく彼は舶来の新思想によって日本の旧習を打破し、儒教的な合理主義を施政の基礎に据えようとしたのであろう。新政府のとった諸政策の中には、そういう性質のものが少なくないが、それは主に彼の意見から出たのではないかと思われる。

しかし国博士として彼に課せられた最大の任務は、やはり新しい制度を作り上げることだったであろう。この仕事について彼の名が史料に現れるのは、『日本書紀』の大化五年（六四九）二月の条の「是月、博士高向玄理と釈僧旻とに詔して八省百官を置かしむ」という記事だけであるが、大化元年にまず東国に置いた国司の制や同二年正月に宣布した四ヵ条から成る有名な改新の詔を始めとする諸制度は、みな彼と高向玄理の手を経たものと思われる。

「八省百官を置かしむ」とあるのは、このときに置いたという意味か、このときに立案を命じたという意味か判定し難いが、部とくに品部の制を廃止して世襲職を否定した以上、当然それに代る中央官制が絶対必要であって、そういつまでも設置を遅らせることは現実に不可能であり、またこののち官制制定の仕事が進められている様子もないから、多分このときに一応でき上ったものであろう。八とか百とかは、もちろん厳密な数を表したものではなく、のちの大宝・養老令の八省百官よりもはるかに簡単なものだったのであろう。しかし、とにかくこれで初期の改革は一段落ついたのであり、従って、国博士の任務も一まず終ったことになったのではないかと想像される（国博士という肩書も、これ以後全く現れなくなる）。だからこそ翌年には白雉の祝典が行われ、旻法師も白雉の出現を謳歌《おうか》することを進言したのであろう。

その後三年、白雉四年（六五三）の五月に、旻法師の病の重いことを聞いた孝徳天皇は、阿曇《あずみ》寺に法師を見舞い、その手をとって「もし法師今日亡《し》なば、朕従いて明日亡なん」と言ったと伝えられるが（これを翌五年七月のこととする記録もあったらしい）、翌月彼はこの世を去った。

高向玄理は旻法師の帰国におくれること八年、舒明天皇十二年（六四〇）になって、南淵請安とともにやはり新羅を経て帰国した。

彼が隋・唐で主に何を学んで来たかを知る手掛りはほとんどないが、たぶん経書か史書であろう。帰国してから改新が始まるまでの間に、漢人から史の姓（カバネ）に変っているが、彼の行動については全くわからない。彼の氏の本居は河内国錦部郡高向だという説があるが、『姓氏録』で同じ祖先から出たと称する氏が一つも河内にないから、やや疑問である。また彼の名前について、玄理と書いてあるところと黒麻呂と書いてあるところとあるが、前にも言ったように、玄理と書いてクロマロと読んだかどうか疑問で、恐らく玄理とも黒麻呂とも称したが、玄理と書いてある場合にはゲンリと読んだのであろう（クロマサという訓はなお疑わしい）。

大化以後、国博士としての彼の主要任務については、旻法師と同様に考えてよいであろう。大化の新制の整備の功は、大部分彼と旻法師とに帰すべきものと思われる。ただ彼の場合には、そのほかに困難な対外折衝の努力があった。

もともと改新を生み出した政治革新の気運は、海外情勢に刺戟されるところが大きかったわけであるが、任那の喪失はほとんど既成事実化し、任那の旧地の争奪をめぐる新羅・百済両国の関係をどうさばいて日本の立場を有利にするかが問題であった。

実は五六二年に任那を奪取してからも、新羅は日本との関係を断ち切らずに、一種の代償として任那から貢上すべき調《みつぎ》を代って日本に納めていた。これを受け取ることは、新羅の任那領有を一応承認することを意味したが、皇極天皇元年（六四二）に至って、百済は高句麗と連合して新羅を攻め、任那旧地の中央部までその手に収めた。大朝廷はこれを確認して「任那の調」を今度は百済から徴収することにしたらしく、大化元年（六四五）に新政府はその政策を承け継いで、百済に対して所定の額を納めるべきことを要求している。

ところが、百済は叛服常なき国だったけれども、当時王族を人質に送ってきていたのに対して、新羅はそういうこともなかったから、これをその苦境につけ込んで強く日本に引きつけておこうという政策がとられることになったらしい。

そこでその折衝に当ったのが高向玄理で（立案したのも彼であろう）、大化二年（六四六）九月に彼は新羅に赴き、交渉の結果人質を送ることを約させたが、その代りに「任那の調」をも廃止し、百済の任那領有権を否認することになった。しかし、この外交措置は必ずしも成功しなかったらしい。新羅は翌年宰相の金春秋（後の太宗武烈王）を人質に送ってきたが、春秋の目的は、高句麗・百済に対抗するため日本に援軍を要求することにあったらしく、その交渉が不調に終ると、彼は次の人質と交替して翌四年（六四八）には唐に行き、唐朝と親交を結ぶに至ったからである（末松保和博士『任那興亡史』参照)。

この情勢の変化は、日本に重大な不安を与えるものだったから、白雉二年(六五一)に新羅の貢調使が唐服を着けて筑紫に到着すると、これを追いかえし、左大臣巨勢徳陀古《とくだこ》は、難波の津から筑紫まで船を並べて新羅を威嚇せよと主張した。

これは海外事情に明るい玄理によっておさえられたのであろう、実行はされなかったが、なんらかの手を打つことは絶対に必要で、結局唐との直接交渉によって新羅を牽制《けんせい》する策がとられることになった。そこで白雉四年(六五三)に、大使吉士長丹《きしのながに》以下百二十一人と大使高田根麻呂以下百二十人が二船に分乗して唐に向い、長丹の船は到達したが、根麻呂の船は九州の南で難破し、わずか五人が生きて戻った。このため、長丹の船も唐に到達できなかった場合を考慮したのか、翌白雉五年(六五四)に重ねて遣唐使を派遣することになり、遂に玄理自ら押使となり、大使河辺麻呂以下を率いて出発した。

このとき玄理は最初の留学から数えて四十六年、改新の功臣として大花下(第十九階の第八)の冠位を与えられ、年齢はすでに六十を超えていたであろう。しかも老軀《ろうく》を顧みず、自ら唐に向ったのは、この時期の外交の重大性と自己の責務とを痛感していたからにちがいない。しかしそれにもかかわらず、この二度の遣使は目的を充分に達することができず、玄理もこのとき唐に到着して間もなく死亡し、再び日本に帰らなかった。

4　百済の亡命者

遣唐押使高向玄理は唐で客死し、大使河辺麻呂以下は翌年（六五五）、空しく帰国した。

その間に、孝徳天皇は皇太子中大兄皇子と政治上で意見のくい違いができたらしく、難波にとり残されて淋しく世を去り、飛鳥に戻った皇太子は、母の皇極上皇を再び位に即けた。この斉明天皇の治世には、高句麗との間柄は親密の度を加えていったようであるが、しかしそれは、新羅と唐の接近に対抗する必要からであろう。日本では、斉明天皇五年（六五九）にまたも遣唐使を派遣し、事態の悪化を防ぐための最後の努力を試みたが、そのときは、唐はすでに東征を計画しており、日本の使節は、東征の事が終るまで西京に抑留されてしまった（斉明紀所引伊吉連博徳書）。

唐・新羅両国の真の目標は高句麗を倒すことだったが、その前に百済を亡ぼして後顧の患《うれ》いを絶つことになり、斉明天皇六年（六六〇）七月に、唐将蘇定方の水軍と新羅武烈王（金春秋）の軍は、百済を挟撃して王城を陥れ、義慈王をはじめ王后・王子などを捕えて、百済の領土を占領した。

百済の滅亡後、鬼室《きしつ》福信・余《よ》自進らは残兵を集めて抵抗をつづけ、日本に人質になっていた王子余豊を迎えて王とし、日本の救援軍を得て百済を再興しようとした。朝廷では、これに応じて出兵することになり、斉明天皇七年（六六一）に天皇・中大兄皇子は筑紫に赴き、同年天皇が死んだ後も、中大兄皇子（天智天皇）が指揮して戦備を進めたが、翌々年（天智天皇二年）鬼室福信は余豊に殺され、さらに日本の水軍が唐の水軍と白村江口で決戦の末大敗して、百済再興の企てはここに完全についえ去った。かの朴市秦田来津《えちのたくつ》の奮戦はこのときである。こののち朝鮮では、五年後に高句麗も唐将李勣《りせき》の軍に滅ぼされ、それから約十年の間に新羅がしだいに唐の勢力を半島から追い出して、ほぼ統一を完成した。

白村江敗戦（六六三）の結果、余豊は船で高句麗に逃げたが、余自信以下の人々は、妻子をつれて日本に亡命した。このときの亡命者の数は正確にはわからないが、極めて多数だったことは確かである。

天智天皇四年（六六五）には百済の男女四百余人を近江国神前《かんざき》郡に移して田を与え、翌年には、それまで官食を支給していた百済の僧俗男女二千余人を東国に移し、同八年（六六九）には余自信・鬼室集斯《しゅうし》ら男女七百余人を近江国蒲生郡に移したというから（『書紀』）、だいたいは推測できるであろう。恐らく古代帰化人のうちで、集団をなして渡来した最大のものである。しかも、その中には社会的に地位の高かったものが非常に多く含まれていた。百済の官位は佐平・達率・恩率・徳率以下十六階に分れていたが、この亡命者の中に達率以上が約七十人もいたのである（天智紀十年正月条）。

従って高い教養をもち、学識・技能を身につけた者がかなり多かった。達率以上約七十人のうち、主な者について『書紀』が記すところを見ると、沙宅《さた》紹明は法官大輔、鬼室集斯は学職頭に任ぜられ、谷那《こくな》晋首・木素《もくそ》貴子・憶礼福留《おくらいふくる》・答㶱《とうほ》春初は兵法に、㶱日比子賛波羅金羅金須・鬼室集信・徳頂上・吉大尚《きったいしょう》は薬に、許率母《そつも》は経書に、角福牟《ろくふくむ》は陰陽道《おんみょうどう》にそれぞれ明るかったという。このような人々が一時に多数流入したのであるから、これは帰化人渡来の歴史の中でも、その最後を飾るとくに大きな出来事だったといわなければならない。

この後も八世紀の末まで帰化人の渡来は時々あったけれども、これにくらべれば出来事ははるかに小さいものだった。しかも七世紀の末頃は律令国家の建設期であって、中国的な制度・文物の整備が最大の急務でありながら、一時唐との国交が絶えていた時期であるから、この亡命者たちの知識・技能はこの上なく貴重なものとして受け容れられた。従って彼らはかなり優遇されただけでなく、天智朝から天武・持統朝にかけて、学芸・技術の各方面に広く活躍し、奈良朝文化形成の主要な力の一つとなったのである。

例えば、右に挙げた人々の中でも、沙宅紹明は「人となり聡明叡智、時に秀才と称せらる」（天武紀）とか、「才思穎抜《えいばつ》にして文章世に冠たり」（大織冠伝）とか言われ、中臣（藤原）鎌足が死んだときには、彼がその碑文を作ったが、天武天皇二年（六七三）閏六月に死んで外小紫（二十六階の第六）の冠位を贈られた。また学職頭というのは、後の大学の長官に当るものと考えられており、学校制度は近江朝に初めて創設され（『懐風藻』序文）、鬼室集斯がその初代の長官になったと見られている。許率母が天武紀六年五月の条に大博士と見えているのも、この学校の教官になっていたものであろう。とにかくこの頃は、諸学生もほとんど帰化人によって占められていたらしく、正月元日の儀式には、大学寮諸学生・陰陽寮・外薬寮が、舎衛女・堕羅女・百済王・新羅仕丁などとともに、薬や珍異の物などを捧げて献るというようなことが行われていた（天武紀四年正月朔条）。

また天智朝では、唐・新羅の来攻に備えて、しきりに対外防衛の準備を整えたが、天智天皇四年（六六五）には、答㶱春初に長門の城を築かせ、憶礼福留と四比《しひ》福夫《ふくふ》に筑紫の大野・椽《き》の二城を築かせている。同六年の大和高安城・讃岐屋島城・対馬金田城の築城などにも、当然かれらの兵法が利用されたであろう。医薬の術でも、吉大尚の子の吉宜《きつのよろし》（のちに吉田連宜）は奈良朝医術の権威となり、持統朝の医博士徳自珍は徳頂上の子弟と思われ、ほかに天武天皇の侍医に百済人億仁《おくに》がある。また陰陽道も、角福牟をはじめとする百済人によって持ち込まれた結果、天武朝には陰陽寮が整備され、陰陽師が活躍するようになり、占星台なども初めて作られた（天武紀）。

技術関係者ではっきり史上に残るものはないが、この時期には、中大兄皇子が漏尅《ろうこく》（水時計）を作って天智天皇十年（六七一）から使ったとか、天智天皇五年（六六六）に僧知由《ちゆ》が指南車を献ったとか、同九年に水碓《うす》を造って鉄を精錬したとか、同十年に黄文《きぶみ》本実が水臬《はかり》（水準器）を献じたとかいうことが、かたまって『書紀』に出てくるから、機工の技術が著しく進んだ様子がうかがわれ、それにはやはり百済亡命者の知識・技術がかなり参与しているのではないかと考えられる。のちに大仏鋳造の技術指導に当った国中《くになか》公麻呂の祖父は、このとき百済から亡命してきた国骨富《こくこつぷ》だった（『続紀』宝亀五年十月己巳条）。

このような人々の存在によって、朝廷豪族の文化生活面における貴族化はこの時期に急速に進んだ。

近江朝の大友皇子は、博学多通で文武の材幹があり、年二十三で皇太子に立ったが、広く学士を招き、沙宅紹明・答炑春初・吉大尚・許率母・木素貴子らを賓客としたと『懐風藻』は伝えている。百済の文化は南朝文化の系統をうけ、その末期にはかなり頽廃的な傾向を帯びるようになったと見られるが（『周書』異域伝・『隋書』百済伝）、それでも朝廷豪族にとっては先進の文化であり、日唐交渉中絶期をつなぐ貴重な輸血の役割を果した。「爰《ここ》に則ち庠序《しょうじょ》（学校）を建てて茂才を徴し、五礼を定め百度を興す。憲章法則規模弘遠なること、夐古《けいこ》以来いまだこれあらざるなり」（『懐風藻』序文）と称された近江朝文運の隆盛は、かれら百済亡命者に負うところが非常に大きかったのである。

以上のほか、亡命者の中には僧侶がかなり含まれていた。これについては、あまり詳しいことはわからないが、次のような例が知られる。

百済僧法蔵は陰陽博士として用いられ（持統紀）、また医薬の心得があったとみえて、天武天皇の病気治療のために美濃に赴いて白朮《びゃくじゅつ》の煎薬《せんやく》をつくった（天武紀）。百済僧道蔵は旱天に雨乞いをして効験が著しく、たびたび祈雨を命じられており（天武紀・持統紀）、養老五年（七二一）には年八十を超えたため、法門の領袖であり釈道の棟梁である老師をいたわるべきだというので、四季ごとに絁《あしぎぬ》五疋・綿十屯・布二十端を支給され、同籍の親族は道蔵が死ぬまで課役を免除された（『続紀』同年六月戊戌条）。

また、後に述べる楽浪《らくろう》河内の父僧詠《えい》も百済滅亡の際に百済から帰化した人だった（『続紀』神護景雲二年六月庚子条）。『日本霊異記』巻上には、難波の百済寺にいて心般若経を念誦して不思議を現したという僧義覚の話や、大和の高市郡法器山寺に住して修行し、看病の効が著しかったという僧多常の話が載っており、備後国三谷郡の大領の先祖に請われて渡来し、三谷寺の伽藍を造立したという僧放済も、あるいはこの百済滅亡のときに帰化したものであるかも知れない。

なお、この時期には、以上のような百済人だけでなく、朝鮮における大変動の影響で、他の国の人々もかなり帰化してきたようである。

例えば、鬼室福信は日本の救援を乞うに当って、唐軍と戦って得た捕虜一百余人を朝廷に献上したが、この唐人たちは、のちに美濃国の不破《ふわ》・片県《かたかた》二郡に移され、壬申の乱のときに天武天皇はこれに戦術を問うたと伝えられる（『釈日本紀』）。福信はまた唐人続守言《しょくしゅげん》らを朝廷に送ったが、彼はのちに唐人薩弘恪《さつこうかく》とともに音博士に任じられて優遇された（持統紀）。薩弘恪は大宝律令の撰定にも加わっているが、恐らく続守言と同時に日本に来たものであろう。持統天皇八年（六九四）の正月十九日に唐人の踏歌が行われているが、これもこの頃来た人々であろう。

また高句麗からは、やはりその祖国の滅亡の際に日本に亡命した者があった。延暦八年（七八九）に従三位まで昇進して死んだ高倉《たかくら》朝臣福信の祖父は、背奈福徳といい、そのときの亡命者だった（『続紀』）。背奈氏は背奈王と称したこともあるから、高句麗王族だったのかも知れない。

大宝三年（七〇三）四月に従五位下高麗若光という人が高麗王の姓を与えられているのも同様であろう。天武天皇十四年（六八五）に冠位を改定したとき、大唐人・百済人・高麗人あわせて百四十七人が新しい冠位を与えられているが、この高麗人というのは、これらの地位の高い人々である。これに対して普通の高句麗人もかなり来ている。持統天皇元年（六八七）に高麗《こまびと》五十六人を常陸国に移して田を与えており、霊亀二年（七一六）五月には、駿河・甲斐・相模・上総・下総・常陸・下野七国の高句麗人千七百九十九人を武蔵国に移して、初めて高麗《こま》郡を置いたというから、その頃までに東国各地にかなりの人数が移されていたことがわかる。現在の埼玉県入間郡高麗村（現日高市）の付近が当時の高麗郡の地で、右の高倉福信はここの出身であるが、高麗王若光がこの地と関係があるかどうかは確証がない。

『日本書紀』には、斉明紀から天智紀にかけて、高麗僧道顕《どうけん》の日本世記という書物がたびたび引用されている。

それは主に当時の国際関係を記録したものらしく、また鎌足の伝記も含まれていたのではないかと思われるが、その内容から考えて、道顕は百済滅亡の頃にはすでに日本に来ていたようである。従って亡命者ではないけれども、この頃渡来した高句麗人の中に数えてよいであろう。彼は日本世記を書いただけでなく、鎌足の長子の僧定恵《じようえ》（貞慧）が天智天皇四年（六六五）に死んだときに、これを悼んで長文の誄《るい》（追悼文）を作ったことが貞慧伝に載っている。

新羅は敵国だったから、亡命者ということはほとんど考えられない。また捕虜その他何かの事情で渡来した人があったとしても、それもごくわずかであろう。新羅との国交は天智天皇七年（六六八）に回復したから、それ以後は、例えば持統天皇元年（六八七）に、新羅人十四人が下野国に移されて田を与えられたのをはじめとして、時々帰化するものがあり、多くは東国に移されたが、天武天皇が死んだときに、大津皇子に逆謀《ぎやくぼう》を勧めたという新羅僧行心《ぎようしん》のように、天文卜筮を解するために朝廷に用いられていた者もあった（『懐風藻』）。

これらの唐人・高句麗人・新羅人も、当時の日本の社会で果した役割という点では、なんら百済人と異るところはない。彼らは全部一括して、帰化人の歴史の中で同じ一つの位置を与えられるべきものである。彼らは律令国家の建設期に渡来して、当時極めて困難な事情にあった唐文化摂取の代用の役をつとめ、形成されてゆく律令制度の学芸・技能の諸部門の要員に充てられた(東国各地に移された人々が農業生産の拡大に果した役割も大きいが、これは後にふれることにする)。

斉明・天智朝の指導者が、白村江の敗退という外交上の大失敗を犯しながら、ともかく改新運動を推進できたのは、一つには彼らの存在があったからだと言ってもよいであろう。また、近江の大津宮における天智朝の政治が、もし急進にすぎて一般の反感を招き、極端な大陸文化制度の採用ということもその中に含まれていて、それが壬申の乱の主な原因の一つになったとしても(これははっきりしないことで、確定的なことは言えないが)、彼らは政治的対立関係の中にまで入りこむことはなかったようで、戦争の経験を持ち兵法に通じた者が多かったにもかかわらず、壬申の乱にはほとんど活動を示さなかった。わずかに百済人の淳武微子《じゅんむびし》が天武方について功があったことが知られるだけである。従って彼らの学芸・技能は、そのまま天武・持統朝に引き継がれて、奈良朝文化形成の重要な一役を担うことになったのである。

彼らの存在が、奈良朝文化を形成するのにいかに重要だったかは、この頃からしばしば行われた僧侶の還俗《げんぞく》の事実が端的に物語っている（この点については『山梨大学学芸学部研究報告』第六号所載拙稿「遣新羅使の文化史的意義」〈補論〉を参照）。律令国家の僧侶は、政府の許可があって初めて出家し、下級官人に準ずる身分と種々の特典を与えられるものであって、これを還俗させることは、普通は刑罰の一種だった。令制では、俗人ならば杖《じょう》一百を超える罪、すなわち徒《ず》一年以上に相当する罪を犯した場合、僧尼ならば還俗させられることになっており（養老僧尼令）、大宝以前もだいたい同様だったと思われる（自発的に還俗することは差支えない）。

ところが、持統朝から奈良朝の初年にかけて、刑罪でない還俗の例がかたまって史料に現れており、それ以後は平安朝初期までにわずか二例あるにすぎない。このかたまって現れるという例は次の通りであって、前後二十数年間に十人を数えるのである。

(1)　山田史御方《みかた》　前に新羅学問僧だったが、還俗して持統天皇六年（六九二）十月に務広肆の冠位を与えられた。

(2)　高麗僧福嘉《ふくか》　同七年六月に還俗させられたが、俗名は不明。（以上持統紀）

(3)　陽胡《やこ》史久爾曾《くにそ》・吉宜《きつのよろし》　文武天皇四年（七〇〇）八月に僧通徳・恵俊を還俗させ、それぞれ陽胡史久爾曾・吉宜という姓名を与えた。

(4) 春日倉首老《おゆ》　大宝元年（七〇一）三月に僧弁紀を還俗させた。

(5) 録兄麻呂《ろくのえまろ》・高《こう》金蔵・王中文　同年八月に僧恵耀《えよう》・信成《しんじょう》・東楼を還俗させて、それぞれ本姓に復した。

(6) 金財《きんのたから》　大宝三年（七〇三）十月に僧隆観を還俗させた。

(7) 大津連首《おびと》　和銅七年（七一四）三月に僧義法を還俗させた。（以上『続紀』）

これらはすべて、国家が還俗者の学芸・技術を利用するために行ったものであるが、この時期に集中的に行われたのは、僧俗の別がこの頃はっきりつけられるようになったからだというようなことだけでなく、とくにそれが必要な時期だったからにほかならない。というのはこれらの人々は知りうる限りすべて大陸系の学芸・技術の所有者であって、かれらを採用しなければ、まさに完成しようとする律令制度の学芸・技術部門の陣容を整えることができなかったからである。

しかも彼らは、それらの部門で指導的な地位を占めた。養老五年（七二一）正月に詔して「文人武士は国家の重んずる所、医卜方術は古今これ崇ぶ。宜しく百僚の内より、学業に優遊し師範たるに堪うる者を擢《ぬき》んでて、特に賞賜を加え、後生を勧励すべし」といって物を賜った中に、文章道に山田御方、陰陽道に大津首・王中文・録兄麻呂、医術に吉宜があり（『続紀』）、天平二年（七三〇）三月に「陰陽・医術及び七曜頒暦《はんれき》等の類は、国家の要道にして廃闕するを得ず。但し諸博士を見るに年歯衰老す。もし教授せざれば恐らくは絶業を致さん」といって、それぞれ得業生を置くことになった諸博士の中に、吉田宜と大津首があり（『続紀』）、また武智麻呂伝に挙げられた神亀五年（七二八）ころの代表的知識人の中に、文雅として山田御方、方士として吉田宜、陰陽として王中文・大津首の名が見えている。

ところで、この還俗者のリストを見ると、十人のうち六人までは、百済亡命者をはじめとする最新の帰化人である。

福嘉はほかに史料がないが、当人が高句麗から来た人であろう。吉宜は百済から来た吉大尚の子で医術にすぐれ、神亀元年（七二四）に吉田連《きった》の氏姓を与えられたが、儒学にも長じていた（『文徳実録』）という。録（角とも書く）兄麻呂は百済から来た角福牟の子と思われるが、陰陽道に通じ、神亀元年に羽林連の氏姓を与えられた。高金蔵は特技はわからないが、高句麗人である（『姓氏録』）。王中文も高句麗人で（『姓氏録』）、陰陽道に通じていた。最後に金財は、金宅良《たから》とも書かれるが、前にも触れた新羅僧行心の子と考えられ、神亀元年に国看《くにみ》連の氏姓を与えられた。父の行心は天文卜筮に詳しかったが、彼もすこぶる芸術に渉《わた》り、兼ねて算暦に通じていたという。彼ら帰化人の当時における重要性の一端は、ここによく示されていると言ってよいであろう。

なお、この還俗が行われた時期は、遣唐使の派遣が天智天皇九年（六七〇）から大宝二年（七〇二）まで、三十余年のあいだ中絶していた期間の終り頃に当っている。これは唐制に倣う律令制度の確立の最後の仕上げに努力していた時であるから、政府指導者にしてみれば、あらゆる手段を講じて、唐から直接に文物・制度を学び取りたかったはずである。遣唐使の派遣が不可能だからといって全く手をつかねているわけはなく、必ず次善の策がとられたにちがいないのであって、新羅学問僧の派遣は、そのためのものに他ならないであろう。

朝鮮に留学生を送ることは、大化の少し前から行われていたらしく、学問僧鞍作得志が高句麗で毒殺された話（皇極紀四年四月朔条）があり、改新政府も大化四年（六四八）に三韓に学問僧を派遣しているが、国際関係の急迫で一時杜絶したのち、天智天皇七年（六六八）に新羅との国交が回復すると、再び新羅学問僧が派遣されるようになった。国交再開から八世紀の初めまで、新羅の進調使と日本の遣新羅使の往来がかなり頻繁に、時には毎年のように行われていて、普通には両国の外交関係がこの頃には円滑だったということだけが指摘されているが、朝廷が異常なほど熱心に使節を送ったのは、留学僧を派遣して、できる限り大陸文化をとり入れたかったからであろう。この場合には遣唐留学生の場合とちがって、俗人の留学生というものが、史料に全く現れないが、これは何かの事情で派遣することができず、学問僧をもってこれを兼ねさせたのではないかと考えられる。

新羅学問僧というものは、そういう重要な任務をもったものだったと推定されるが、右に挙げた還俗者は、実は大部分がこの新羅学問僧だったのではないかと思われる。

史料にはっきり明記されているのは、山田御方と大津首だけであり、金財は飛驒国で成人したと考えられるから別であるが、その他の者も新羅学問僧だった可能性が非常に大きい。もしそうだとすれば、ここにも彼ら帰化人たちの役割の一端が現れているということができるのである。

5　奈良朝の帰化人（一）

奈良朝は律令国家の完成期である。形式的にいえば、奈良時代は都が奈良（平城京）にあった和銅三年（七一〇）から延暦三年（七八四）までということになるが、実質的には大宝律令《りつりょう》ができた大宝元年（七〇一）頃から平安京に遷都した延暦十三年（七九四）頃まで、即ちほぼ八世紀全体を奈良朝と言ってしまっても大して差支えないであろう。

この時期に入ると、国家権力を構成する中央豪族たちは、政治的・社会的に貴族支配階級としての実質を充分に備えるようになり、それに伴って、文化的にも高級生活を送り、一般に学芸技能の素養を身につけ、また自ら進んで唐に赴いて大陸文化を摂取してくるようになった。とは言っても、もちろんまだ唐文化模倣の段階で、充分にこれを消化するところまでは行っていないが、しかしその活動によって、都を舞台に華やかな貴族的世界が展開された。

従ってこの時代の中央の帰化人は、今までのようにほとんど自分たちだけが大陸文化の導入者あるいは担当者として、文化の面で主導権を握るということはなくなった。しかし帰化人の特性が全くなくなったわけではなく、貴族文化がまだ模倣の段階だったから、彼らの父祖から承け継いだ知識・技術や語学の便宜がやはり物を言って、依然としてかなり著しい活躍を示し、一般の貴族のうちの知識人や技能者と並んで、奈良朝文化を担う最も重要な一員として存在した。ただ、文化的主導権が失われ、しかも伝統的な家柄の枠を前提とする律令の官僚制が確立されてしまっていたので、その特有の才能によって、その政治的地位や社会的身分を飛躍的に高めるような者もなくなり、だいたいにおいて中流および下流貴族の位置を占めるのが普通だった。

この奈良朝の帰化人たちは、四、五世紀以来渡ってきた各種の系統の者をすべて含んでいるのであって、これを大ざっぱに分類するならば、(a)古い帰化人、(b)大化以前の新しい帰化人、(c)百済亡命者を中心とする大化以後の新しい帰化人、ということになり、それに(d)奈良朝になって渡来した最新の帰化人が加わってくるのである。『続日本紀』文武天皇四年（七〇〇）六月甲午の条に大宝律令の撰定に加わった十九人の名が列挙されている。これはおもだった人だけで、この下に多くの人が加わっていたであろうが、そこに記されているのは次の人々である。

刑部《おさかべ》親王・藤原不比等・粟田《あわだ》真人・下毛野《しもつけぬ》古麻呂・伊岐《いきの》博徳《はかとこ》(b)・伊余部馬養《うまかい》・薩弘《こう》恪《かく》(c)・土師《はじ》甥・坂合部《さかいべ》唐・白猪骨《ほね》(b)・黄文《きぶみの》備《そなう》(b)・田辺百枝《ももえ》(b)・道首名《おびとな》・狭井尺麻《さかま》呂《ろ》・鍛大角《おおすみ》・額田部《ぬかたべ》林・田辺首名(b)・山口大麻呂(a)・調《つきの》老人《おきな》(a)

ここに分類の符号をつけたのがだいたい間違いなく帰化人と思われるものである。

下毛野古麻呂以下が学識によって撰定に参加したものと見られるが、そこに、文化人の中で帰化人の占める割合や各系統の占める割合が、正確にではないがだいたい反映している。

この最後の(d)奈良朝になって渡来した帰化人には、次のような人々があるが、その数も少なくその活動範囲も広くはない。

まず唐僧道栄は、渡来の年月は不明であるが、養老四年（七二〇）に僧尼の経典の音読の仕方を道栄の読み方に統一する命令が出されており、天平元年（七二九）には、改元の理由になった背中に文章のある亀を発見した賀茂子虫に、それが大瑞であることを教えたというので朝廷から賞されている。

次には天平八年（七三六）八月に遣唐副使中臣名代《なしろ》の船で渡来した唐僧道璿《どうせん》・波羅《ばら》門《もん》僧菩《ぼ》提僊那《だいせんな》・林邑《りんゆう》僧仏徹・波斯人李密翳《りみつえい》・唐人袁晋卿《えんしんけい》・皇甫《こうほ》東朝《とうちょう》・同昇女《しょうじょ》の一行がある。このうち道璿は初めて日本に華厳宗の典籍を伝えた人で、天平勝宝三年（七五一）に律師となった。菩提僊那は南インドの人で、同年僧正になり、翌四年四月大仏開眼供養の際に開眼導師をつとめた。林邑は今のインドシナの占城《ちゃんぱ》で、仏徹（仏哲）は林邑楽《がく》（インド系の舞楽）を伝えたといわれる。ここに唐楽・高麗楽・百済楽・新羅楽・呉楽（伎楽）・渤海楽・林邑楽と東洋各地の音楽が朝廷に集まったわけで、これらはほとんど帰化人によってもたらされたのである。

　また袁晋卿は年十八、九で渡来し、文選・爾雅《じが》の音を学び得て大学の音博士となり、大学頭その他を歴任したが、宝亀九年（七七八）に清村《きよむら》宿禰の氏姓を与えられた。また皇甫東朝・昇女とともにたびたび唐楽を奏している。

　また次には有名な唐僧鑑真《がんじん》がある。彼は揚州江陽県の人で日本の僧栄叡《ようえい》・普照の勧めによって渡来を決意し、数回渡航に失敗してその間に失明したが、遂に天平勝宝六年（七五四）、弟子法進・思託《したく》ら七人と遣唐副使大伴古麻呂の船で来朝した。時に年六十七。東大寺に戒壇を造って初めて戒律を伝え、大僧正となり大和上の号を与えられ、天平宝字七年（七六三）五月に七十七歳で死んだ。彼はまた薬物を弁別することが上手で、光明皇太后の病気のときに、彼の奉った薬が非常にきき目があったという。新田部親王の旧宅を彼に施入して建てた戒院が、今の奈良の唐招提寺である。彼の伝記として、弟子の思託の記述をもとにして淡海三船《おうみのみふね》（元開）が著した唐大和上東征伝がある。

　もう一つ、これは帰化する意志はなかったが、結局日本に留まることになったものであるが、唐人沈惟岳《しんいがく》以下三十九人の人々がある。これは、さきに遣唐大使として入唐したまま帰国の機会を得ないでいた藤原清河を迎えるために日本から派遣された高元度らの一行が、天平宝字五年（七六一）に空しく帰国したとき、元度らを送り帰すために唐から遣わされた船の乗員九人と水手三十人である。

彼等は惟岳と他の三十八人との間で争いを起したりしたが、当時来朝していた渤海《ぼっかい》の大使が、唐の国内は動乱（安史の乱）がいまだに治まらず、史朝義の勢力が盛んであることを朝廷に報告したので、帰国を一時おさえられ、全部がそのまま帰化してしまった。彼らのうち、おもだった者はのちに官位を与えられ、沈惟岳は清海《きようみ》宿禰、晏《あん》子欽《しきん》・徐公卿《じよこうけい》は栄山《さかやま》忌寸、孟《もう》恵芝・張《ちよう》道光は嵩山《すせ》忌寸、吾税児《ごぜいじ》は永国《ながくに》忌寸、維敬宗《いけいそう》は長井忌寸、盧如津《ろじよしん》は清川忌寸、王維倩《いせん》・朱政は栄山忌寸、馬清朝は新長《にいなが》忌寸の氏姓を与えられた。

なお、このほかにも渡来事情の不明な唐人がいくらか史料に現れるが、以上のものは、たいてい遣唐使の往復に伴って来朝したものである。これに対して新羅からの帰化人もないわけではなく、むしろ数から言えばそのほうがずっと多いが、中央で活動したものはほとんどない。大部分のものは地方、ことに東国に移されているが、それについては次節で触れることにする。

以上が(d)に属する主なものであるが、これに較べると(a)(b)(c)の系統のものは当然その数が非常に多く、活動範囲もまた非常に広い。しかも断片的な形で諸史料の各所に分散して現れているので、その活動の全貌《ぜんぼう》をはっきりつかむことは案外むつかしい。そこでいま便宜上、奈良時代の文献で各種の学芸・技術を有する者のリストを掲げている部分を拾ってみると、次のようなものがある。

(1)『続紀』養老五年（七二一）正月庚午の条に、退朝ののち東宮（のちの聖武天皇）に侍せしめられることになった次の人々が列記されている。これはおもに学芸にすぐれた人が選ばれたのであろう。

佐為《さい》王・伊部王・紀男人・日下部《くさかべ》老・山田御方(b)・山上憶良・朝来賀須夜《かすや》・紀清人・越智《おち》広江・船大魚《おおお》(b)・山口田主(a)・楽浪河内(c)・大宅兼麻呂・土師百村・塩屋吉麻呂・刀利《とり》宣令(c)

(2)『続紀』同年同月甲戌の条に、すぐれた文人や技能者を優遇して物を賜う旨の詔が出ていて、次の人々の名が挙げてある。

明経第一博士——鍛冶《かぬち》大隅・越智広江、第二博士——背奈行文(c)・調《つき》古麻呂(a)・額田千足、明法——箭集《やつめ》虫麻呂・塩屋吉麻呂、文章——山田御方(b)・紀清人・下毛野虫麻呂・楽浪河内(c)、算術——山口田主(a)、悉斐《しひ》三田次・私部《きさいち》石村、陰陽——大津首・津守通《とおる》・王仲文(c)・角兄《ろく》麻呂(c)・余秦勝《あぐりのはたかつ》(c)・志我閇《しがへ》阿

(3) 弥陀、医術——吉宜《きつ》(c)・呉粛胡《ごしゆくこ》明《めい》(c)・秦朝元《ちょうげん》(a)・甲許母(c)、（以下略す）
武智麻呂伝に神亀五年（七二八）頃の代表的な知識人として、次の人々の名が挙げてある。ここで方士というのは医術を指しているらしい。
宿儒——守部大隅・越智広江・背奈行文(c)・箭集虫麻呂・塩屋吉麻呂・楢原東人、文雅——紀清人・山田御方(b)・葛井《ふじい》広成(b)・高丘河内(c)・百済倭麻呂(?)・大倭小東人、方士——吉田《きつた》宜(c)・御立《みたち》呉明(c)・城上《きのえ》真立(c)・張福子(c)、陰陽——津守通・余真人《まひと》(c)・王仲文(c)・大津首・谷那《こくな》庚受(c)・暦算——山口田主(a)・志紀大道・私石村・志斐三田次、呪禁——余仁軍《じんぐん》(c)・韓国広足

(4)『続紀』天平二年三月辛亥の条に、老年の諸博士の学術を継ぐための弟子と通訳の要員とするための漢語学習者を置くべきことを述べた太政官奏があって、諸博士および漢語練達者として次の人々を挙げている。
陰陽医術及び七曜頒暦——吉田宜(c)・大津首・御立清道(c)・難波吉成(c)・山口田主(a)・私部石村・志斐三田次、漢語——粟田馬養・播磨乙安・陽胡《やこの》真身《むざね》(b)・秦朝元(a)・文元貞（a?）

(5)『懐風藻』の漢詩の作者はすべて六十四人で、その作者目録はそのまま当時の文人のリストになるわけであるが、そのうち帰化人と考えられるものだけを列記

すると次の通りである。

僧弁正(a)・調老人(a)・荊《けい》助仁(c)・刀利《とり》康嗣(c)・田辺百枝(b)・山田三方(b)・吉智首(c)・黄文備(b)・背奈行文(c)・調古麻呂(a)・刀利宣令(c)・百済和麻呂（?）・吉田宜(c)・麻田陽春(c)・伊支《いき》古麻呂(b)・民黒人(a)・葛井広成(b)

これは、帰化人であるかどうかの判断もどの分類に属するかの決定も、推測できめたものがかなりあるから、絶対に正確ではないが、これによってだいたいのところは察しがつくであろう。ただ各史料に重複して出ている人が少なくないから、それを整理すると次のようなことになる。

(a)　僧弁正・調忌寸老人・山口忌寸田主・調忌寸古麻呂・秦朝元・民忌寸黒人

(b)　山田史御方（三方）・船連大魚・陽胡史真身・田辺史百枝・黄文連備・伊支連古麻呂・葛井連広成

(c)　刀利康嗣・背奈公行文・王仲文（中文）・角（録）（羽林連）兄麻呂・吉（吉田連）宜・荊助仁・楽浪（高丘連）河内・刀利宣令・余秦勝・呉粛胡明（御立連呉明）（御立連清道）・甲許母（胛巨茂）（城上連真立）・張福子・余真人・谷那庚受

（難波連吉成）・余仁軍・吉（吉田連）智首・答本（麻田連）陽春

このリストの中で、僧弁正は俗姓は秦氏、大宝二年（七〇二）の遣唐使に随って入唐したが、彼と長男の朝慶は唐で死んだ（『懐風藻』）。秦朝元はその次男で、唐で生れたため、漢語は自由だったのであろう。この秦氏の出身地は葛野《かどの》ではなく、摂津国豊島《てしま》郡らしい。山口田主は暦算とあるが、陰陽博士にもなった（弘福寺田畠流記帳）。刀利康嗣は、慶雲二年（七〇五）に大学助藤原武智麻呂の求めによって、釈奠《せきてん》の祭文を作ったことが武智麻呂伝に載っている。楽浪河内は百済僧詠の子、河内国古市郡の人で、和銅五年（七一二）播磨大目だったときに正倉を造って賞されたが、これは技術的な功かどうかはっきりしない。のち大学頭になったが、子の比良麻呂も大学を経て出身し、従四位下まで昇り、道鏡の法王宮職の亮《すけ》となって手腕をふるった。

また葛井広成は前にも言ったように、対策の文を残しているが、『経国集』巻第二十には、そのほかに帰化人では百済公倭麻呂・刀利宣令・葛井諸会・船沙弥麻呂・蔵《くら》伎美麻呂の対策の文が収められている。

なお、右のリストは材料が天平初年にかたまっており、また技術部門がほとんど含まれていないから、これを以て奈良朝の状態全般を推すわけにはいかない。

このほかに学芸部門では、あまり目立った存在はないが、答本《とうほ》忠節(c)が薬方に長じていたこと（『続紀』天平宝字元年七月戊申条）、山田連銀《しろがね》(b)が明法博士だったこと、国見連今虫《いまむし》(c)が天文博士だったこと、吉田連斐太麻呂(c)が侍医だったこと、日置造（栄井宿禰）蓑麻呂《みのまろ》（b？）が大学頭・東宮学士・陰陽頭などになり、延暦二年（七八三）に年八十で精勤を賞せられたことなどが知られ、明経・文章の学者として麻田連真浄《まきよ》(c)・林忌寸稲麻呂(a)・長尾忌寸金村(a)・朝原（秦）忌寸道永(a)・菅野朝臣（津連）真道(b)などが、奈良朝末期に現れてきている。

技術方面でも、史料の上に現れた帰化人の活躍は案外少ない。しかし実際にはこの部門のほうが、一般の貴族の進出を許さず、帰化人の専門家が伝統的な領域を保っていたと思われる。ただ技術専門家は政治的・社会的な地位が比較的低いから、官僚制度が固定してくると、その活動があまり表面に現れなくなったのであろう。

この方面で最も目立った働きを示したのは、国中《くになか》公麻呂である。彼は百済亡命者国骨富の孫で、大和国葛下《かつらぎしも》郡国中村に住んでいた。東大寺大仏の鋳造は聖武天皇の発願の下に、律令国家の富と力とを傾けた大事業だったが、その巨大さの故に、当時の鋳工でこれを完成させる自信のある者がなかった。彼はこの難事業の技術指揮に登用され、十年近くの年月を費し、数回の失敗を重ねながらも、遂に天平勝宝四年（七五二）これを完成した。これは父祖から承け継いだ技能によるもので、かの法興寺建立の際の鞍作鳥の働きとよく似たところがある。その功によって彼は従四位下という破格の位を与えられ、やがて造東大寺次官となり、宝亀五年（七七四）十月に死んだ。

一体律令の官位制度では、五位と六位の間には太い一線が画され、五位以上には格段に大きな身分上・経済上の特典が保証されていたが、国中公麻呂以外に技術の功をもって五位を与えられたものに、鞍作磨心《とごころ》と唐人王元仲がある。

磨心は雑戸だったが錦綾《にしきあや》を織り成すことに成功し、それが実に妙麗な製品だったので、和銅六年（七一三）に雑戸の身分を免じて栢原《かやはら》村主の氏姓を与えられ、翌七年に従五位下を授けられた。錦の類は古くから織られていたが、それは漢以来の経錦、すなわち縦糸で模様を織り出したものである。ところが中国の織技が四世紀頃までにシリヤに伝わり、ここで横糸で顕紋する緯錦の技法を生み、六世紀前後から中国に逆輸入されるようになった。これは、経錦が三色をこえにくいのに対して、八色くらいの横糸が使え、色彩が華麗であるが、唐では則天武后の頃から盛んに製作しはじめていた。

これを日本に輸入したのが、恐らく慶雲元年（七〇四）に帰国した粟田真人を執節使とする遣唐使で、磨心はこの緯錦の製作に成功したものであろう。この頃しきりに挑文師《あやとり》を諸国に派遣して錦綾を織ることを教えているのも、磨心が会得した技法を普及するためと考えられる。やがて中務省の内匠寮に織手二十人が置かれて、高級な錦綾の製作に当ったが、今日正倉院に残る国産のものは、もとをただせば磨心の技術から出たと言えるわけである。

紫地鳳形錦軾（正倉院蔵）

次に王元仲は、初めて飛丹を造ったというので、養老六年（七二二）四月に元正天皇が嘉歎して従五位下を授けた。『続紀』にはこれが飛舟となっているけれども、それは誤りであろう。飛丹薬は中国で行われた仙薬で、これを服すると身が軽くなるというものである。道教が正式に認められなかった当時の日本で、こういうことがあったのは珍しいことであるが、この二人が五位を授けられた出来事は、当時の人々に強く印象づけられたらしく、大宝令の注釈書である古記は、異才のある者は特別に抜擢して位を与えるという規定の実例として、この二つの事実を挙げている（選叙令集解）。

6 奈良朝の帰化人（二）

前節で通観した奈良朝の帰化人の学芸・技術方面の活躍を大まかに概括してみると、各系統のもののうち、(c)の系統すなわち百済亡命者を中心とするものが、なんといっても第一線に多く進出している。これに対して(a)と(b)とでは、表面に現れたものは大して差がなく、案外(b)が振わなくなったように見える。しかし、これは史料に現れた限りのことであって、実際には、下級の官人で実務に当る者には(b)が非常に多かったであろう。(a)のものは技術部門よりも学芸部門に多いが、これはむしろ一般の貴族が文化的に活躍するようになった趨勢の一部をなすもので、この系統がすでに帰化人の特殊性をほとんど失ってしまっていたことの現れだと見るべきであろう。

六世紀後半から進出した(b)の系統は、大化改新を実現させる大きな力として働いた。彼らは強大な君主権に直結する純粋な官僚の地位に希望を抱いて活躍したのである。ところが改新後の政治の動向は、一方にはそういう中国風の専制君主制を打ち出す方向に進みながら、一方にはまた、畿内の中央豪族が全体で、日本全国の人民と土地を直接に支配し、地方豪族が分有していた個別的な支配権を中央豪族全体の手に収めようという、いわば貴族制への傾向を強く含んでいた。

そうして百済救援の失敗から壬申の乱へと、大小さまざまの政治上の曲折を経たのち、大宝律令の完成によって最後的な形を確定した律令国家の政治体制は、正直にいって、君主制と貴族制の妥協したものであった。しかも、妥協とはいっても、実は君主制は形式の面に強く、貴族制は実質の面に強かった。大化以前古くから大和朝廷を構成していた豪族たちは、ほとんどそのまま居坐って、政治的経済的特権を依然として持ち続け、中央貴族全体で新しい中央集権的政治組織を運営することになった。

天皇個人の意志で、ある一つの氏を政界から除き去るなどということは、とてもできることではなかった。形式は唐の律令制度をほとんどそのまま模倣しながら、実質がこういうものになったというのは、その理由を歴史的に充分解明することは、非常にむつかしい大きな問題であるけれども、日本の古代において、海外からの刺戟や脅威は君主制の強化を促すが、社会の内的成熟はむしろ貴族制の成長を生むという傾向があったことは否定できないであろう。

さて、このように貴族制的な要素が強く前面に出てくるに従って、(b)の系統の立場はしだいに不利になった。しかも、本来の学芸・技術の領域では、大化以後に新しく渡来した(c)に圧倒される羽目になった。その結果が奈良朝における彼らの活動の姿に現れているのである。これに対して(a)の系統すなわち「古い帰化人」たちは、ほとんど帰化人としての特殊性を失い、一般豪族化してきていたから、かえってその立場は政治的・社会的に有利になった。

天武天皇十三年（六八四）十月に新しく定められたいわゆる八色《やくさ》の姓《かばね》は、律令政府の官人任用の基礎とするために、中央の諸氏の政治的資格を評価しなおすものだったが、帰化系の氏の中で東漢氏・西漢氏・秦氏・西文氏だけが、真人《まひと》（六世紀以後の新しい皇別）・朝臣《あそん》（主に古い皇別の有力なもの）・宿禰《すくね》（主に神別の有力なもの）に次ぐ第四級の忌寸《いみき》の姓（カバネ）を与えられた事実は、この事情を最もよく物語っている。西漢氏のような全く影のうすい氏がここに入っているのを見ても、この八色の姓が、従って律令官人機構が、いかに古い豪族の立場を尊重するものだったかがわかるのである。

従って、(a)の系統については、学芸などよりも、その政治的な動静を見ることが必要になる。

そこでまず漢氏系統であるが、彼らは壬申の乱に奮戦してやや地位を回復したけれども、その後しばらくは、とくに頭角を現すものはなかった。ところが坂上犬養《いぬかい》が、聖武天皇に武才を愛されて、天平二十年（七四八）に他の同族の人々が達したことのない従四位下の位を与えられ、ついに正四位上にまで昇ってから、坂上氏の政界における活躍がとくに目立ってくる。彼は天皇の病死に当って、その陵に奉仕したいと乞い、「先代の寵臣、未だかくの如きを見ず」と賞され（『続紀』天平勝宝八歳五月乙亥条）、のちに封百戸を与えられ、播磨守・大和守を歴任して、天平宝字八年（七六四）に八十三歳で死んだ。彼の子の苅田麻呂も武事にすぐれ、天平勝宝九歳（七五七）に橘奈良麻呂が時の権力者藤原仲麻呂を倒すクーデターを起そうとしたときには、彼をはじめ武勇の者数人に酒を飲ませておいて、事件に馳けつけられないようにしようと謀った。

また彼はその後天平宝字八年（七六四）に、僧道鏡を除こうとして兵を起した仲麻呂（恵美《えみ》押勝）と戦って功を立て、大忌寸という特別な姓（カバネ）を許され、功田二十町を与えられた。琵琶湖上に追いつめられた押勝の首を斬《き》ったのは、彼の部下の石村《いわれ》村主石楯《いわたて》だった。さらに神護景雲四年（七七〇）に称徳女帝が病死して、白壁王（光仁天皇）が皇位を継承することにきまると、今度は彼は、道鏡が奸謀をたくらんでいると密告して、道鏡追放のきっかけをつくった。坂上氏が東漢系の諸氏の宗家であるかのごとき地位を占め、同族だけでなく漢人だったものまで、坂上氏を中心とする系譜関係の中にとり込み、祖先に関する伝説を詳細なかたちにまとめ上げたのは、恐らくこの苅田麻呂のときであろう。

こうして日本在来の有力な氏と肩を並べて、朝廷で勢力を競うに足る態勢が整えられていった。彼はそののち一時、延暦元年（七八二）閏正月に、即位したばかりの桓武天皇に対して逆乱を謀ったという氷上川継の事件に連坐して解任されたが、すぐに同年五月に右衛士督《かみ》に復官し、娘の又子が桓武天皇の夫人となって高津内親王を生んだという関係もあってか、結局延暦四年（七八五）に従三位に昇り、坂上・内蔵《くら》・平田・大蔵・文・調《つき》・文部谷・民・佐太・山口ら同族の十氏が忌寸から宿禰に改姓することに成功し、翌五年正月五十九歳で死んだ。『続日本紀』には、「苅田麻呂は家世々弓馬を事とし、馳射を善くす」とある。子の坂上田村麻呂が征夷大将軍となって功を立て、ついに大納言近衛大将に昇進し、死んで従二位を贈られた基礎は、すでに彼のときに固められていたのである。

次に秦氏であるが、これも天平に入る頃まではほとんど目立った動きがない。ただ、一族を動員して葛野川《かどのがわ》（大井川）に大堰を築造し、大々的に京都盆地を開発したことは有名であって、秦氏もこれを、「天下において誰か比擬するものあらんや」と誇ったが（『政事要略』巻五四所引秦氏本系帳）、これは天平十年頃に書かれたと考えられている古記（大宝令注釈書）にも令の条文を説明するための実例にされているから（雑令裏書）、八世紀の初め頃のことであろう。普通はこれによって、秦氏が非常な富と力を持っていたことと、大土地所有へ進んだであろうこととを推測するのであるが、実は古記では、用水の家だけでは渠堰を修治するに堪えないときに、国郡司が人夫を徴発して修治するという場合の実例として挙げているのだから、秦氏の実力はかなり割引いて考えなければならないし、開発された耕地は原則として公有に帰したと思われる。

またこのころ例の秦朝元《ちょうげん》は藤原氏の式家と姻戚関係を結び、彼の娘から藤原種継が生れたが、彼自身は外従五位上主計頭になった程度だった。

秦氏でやや頭角を現すのは秦島麻呂《しままろ》で、彼はもとは秦下という秦氏系の小氏（本当の同族かどうかわからない）だったが、天平十四年（七四二）に恭仁《くに》大宮の垣を築いた功によって、従四位下の位と秦公（『続紀』に太秦公とあるのは誤りかもしれない）の姓を与えられた。秦氏で四位に達したのは、前後を通じて恐らく彼一人であろう。

その後天平十七年（七四五）に遷都問題がおさまって、奈良に還都することにきまると、彼は恭仁宮の跡片付けに当り、その年に忌寸の姓を与えられたが（『大日本古文書』二、同年十月二十一日造営省移）、まもなく天平十九年（七四七）に長門守となってすぐ死んだ。彼も娘を藤原北家の小黒麻呂《おぐろまろ》の妻にしており、その腹から藤原葛《かど》野麻呂《のまろ》が生れた。そこで、彼は葛野の秦氏の本流で、一族の財力を提供して恭仁宮の造営に協力したのだという推測が行われているが、彼が忌寸になったのは天平十七年になってからであるし、大宮の垣を築いたときには、逆に朝廷から銭一百貫・絁一百疋・布二百端・綿二百屯をもらっているから、この推測はあやしい。従って、彼の活躍によって、すぐに秦氏の勢力が朝廷で進出してきたと考えることはできない。ただ、彼が死んだ翌年に、畿内の秦系統の諸氏千二百戸が忌寸姓を与えられているが（『続紀』天平二十年五月己丑条、『姓氏録』）、これは彼が忌寸になったことがきっかけになったのかも知れないし、このことが漢氏と同じような広い同族的結合強化の端緒となったかも知れない。

しかしとにかく秦氏の政治的進出は、漢氏にくらべればかなり劣っていたことは間違いがない。

秦氏と造宮との関係は、この後にも現れる。

すなわち、長岡・平安両京の位置は秦氏の一族が根を張っていた地域で、平安京の大内裏は秦河勝の旧邸宅の跡だと言われ、長岡京のときは秦足長《たるなが》が宮城を築き従五位上、太秦公宅守《うずまさのきみやかもり》が太政官のまわりの垣を築いて従五位下を授けられた。しかも長岡遷都の主唱者は藤原種継であり、平安遷都の主唱者は藤原小黒麻呂だった。

そこで、喜田貞吉博士が『帝都』の中で極力主張して以来、この二つの遷都は秦氏の財力を頼って計画されたものであり、藤原氏と秦氏が提携して勢力の拡大を図った結果だとよく言われる。もちろん場所が秦氏の本拠地であるから、秦氏は造営工事その他にかなり深く関係したであろうが、しかし律令政治の破綻が著しかった当時でも、国家財政にとって不可能なことを請負うほど、秦氏の財力が巨大だったかどうか疑問だし、結果から見ても、これによってとくに秦氏の政治的地位が向上した様子はほとんどない。古くからの秦氏の実体を過大評価する通説が疑わしい以上、この遷都の場合の秦氏の役割も、かなり用心して評価すべきであろう。

なお、漢氏や秦氏、それに西文氏などは、一族の中から常に数十人から二百人以上に及ぶ騎兵の軍勢を出動させることができたらしい。

天平十二年（七四〇）に聖武天皇が九州における藤原広嗣の反乱の報をうけて、平城京を出て伊勢に向ったとき、東西史部・秦忌寸らすべて四百人の騎兵が徴発されて護衛に当った。この東西史部というのは、東西の文氏を中心としたものであろう。また、天平宝字元年（七五七）の橘奈良麻呂の乱の際には、奈良麻呂に雇われた秦忌寸らが出羽国小勝《おかち》村に流され、残る秦らに対しては、悪心なく清く明き心をもって仕えよという詔がとくに出されている。これも同様の兵力で、当時朝廷も軽視できない存在だったのであろう。さらに天平宝字八年（七六四）恵美押勝が道鏡を除くために兵を起したときには、檜前《ひのくま》忌寸二百三十六人がこれと戦い、あるいは内裏を護衛し、また秦忌寸三十一人が北門を守衛した。檜前の忌寸というのは一つの氏の名ではなく、高市郡檜前村地方にいた東漢系の諸氏のことである。

こういう性質の兵力は、一般の貴族でも有力なものはある程度持っていたであろうが、これだけはっきり史料に現れているものは他にない。政治的に動くこのような武力を持っていることは、この時期の古い帰化人の氏の特色であろう。

このほかに実は(c)に属する新しい帰化人で、とくに政治的に高い地位を得たものがある。それは百済王氏と高麗氏で、本国の王族だったために、特別に朝廷で優遇されたのだから、新しい帰化人とは言っても、実際には旧来の上流貴族に準ずる性質のものである。

百済王氏は、白村江の敗戦で高句麗へ逃げた余豊の弟の禅広（善光）王の系統であるが、東大寺の大仏の鋳造が塗金の不足で運行できなくなっていたとき、陸奥守だった百済王敬福（禅広王の曾孫）が、陸奥国小田郡から産出したという黄金九百両を献上して従三位を与えられた。

このとき、盧舎那仏の慈みで日本に初めて金が出て、大仏完成の途が開けたというので、聖武天皇以下は歓喜雀躍し、天平二十一年（七四九）を天平感宝元年と改元した。また桓武天皇が即位すると、その生母の高野新笠《にいがさ》は百済の武寧王から出たという和史《やまと》氏の出身だったから、「百済王らは朕の外戚なり」と言って、とくに優遇した。大納言藤原継縄《つぐただ》の夫人は百済王明信だったので、天皇はたびたび継縄の交野《かたの》の別荘を行宮にして鷹狩に出かけ、百済王の一族は天皇のために百済楽を奏し、そのたびに一族の人々の位階を進めた。河内国交野は百済王氏の居住地で、ここに建立された百済寺はその氏寺である。

高麗氏では、高麗《こま》朝臣福信が最も栄進した。福信は例の背奈公行文の甥で、武蔵国高麗郡に生れたが、少年のとき都に出て相撲の上手を認められ、聖武天皇に武勇を愛されてしだいに昇進した。

天平十九年（七四七）に背奈王、天平勝宝二年（七五〇）に高麗朝臣、宝亀十年（七七九）には高倉朝臣と改姓したが、結局従三位まで昇り、延暦八年（七八九）に八十一歳で死んだ。彼は橘奈良麻呂の事件のとき、坂上苅田麻呂と同様、酒で足止めをする予定の中に入れられており、またこのとき百済王敬福は諸衛府の兵士を率いて獄囚を防衛し容疑者の拷問に当っていて、両人とも中央の政争の渦中にその姿を見出すことができる。

以上のような上層帰化人の動きを見ると、律令制度の官人としての公的な行動よりも、天皇との個人的なつながりで栄進するとか、私財を提供するとか、私兵を背景にして権力争奪の舞台で活躍するとかいう私的な活動が目立っている。

しかもみな天平年間から奈良朝の末にかけて、著しく進出してきている。これは偶然ではないのであって、当時一般の政治情勢の反映にほかならない。帰化人の特性を失って一般貴族化した彼らは、当時の有力な中央貴族たちと歩調を合せて動いていたにすぎないのである。

律令国家は強力な中央集権制を実現し、周到な全国支配の組織を完成して、その国家権力と国家機構はかなり永く維持されたけれども、律令政治の実質は意外に早くから失われ始めた。それは大宝律令が完成して十年もたたない頃から、全国的に公民の逃亡が続出しはじめ、国家財政の基礎を不安に陥れるようになったことに始まる。

律令の税制は、農民の生産力が一般にかなり低かったため、租（稲）よりも調・庸

（絹・綿・糸・布その他特産物）や労役に重点が置かれていたが、農民は壮大な国家組織を支えるだけの力がなく、過重な負担のために生活がひどく困難になり、たびたびの天災・飢饉《ききん》がそれに拍車をかけたからである。これは先進国の制度をそのまま模倣した必然の結果といってよいであろう。

ところが一方、律令制度はこの方面で全然成果を生まなかったわけではなく、諸産業・技術の発達によって、進んだ農業技術と優秀な製鉄の農工具がしだいに普及していった。しかしそれは中央から地方へ、上から下へと普及したのであって、それが地方豪族から富農層あたりにまで達したときには、すでに弱小農民の没落がどんどん進行していた。そのため、農業生産物の重要性増大と公民制の破綻とが、並行して天平以前にすでに表面化したのである。

これに対して政府は、戸籍人口の減少をくい止めて公民制を維持するよりも、財政収入の重点を農業生産物に移し、全国の耕地を増加させる方針に切り換えることになったらしく、養老六年（七二二）には、百万町歩開墾計画を立てたが、翌七年には三世一身の法を定めて富農層以上の開墾を奨励し、さらに天平十五年（七四三）には、公地制の原則を捨てて、開墾者に墾田の永久私有を許可するに至った。

これが起点となって、以後しだいに大土地私有が展開し荘園制が発達してゆくことは周知の通りであるが、そうなれば、私的な社会的・経済的地盤を拡大する方向が開けた中央の有力者が、律令制度の枠を守り、中央貴族全体の結束と協調を保つ必要をあまり感じなくなるのは自然の勢いであろう。ただその私的な地盤を拡大するのに都合のよい限り、律令国家の権力と機構をできるだけ個人的に利用しようとするのも、また当然のことであって、そこに天平年間から著しくなった権力の争奪、私的諸関係の優越などという現象の根本の理由があると考えられる。

右の上層帰化人は、そういう政界の中で動いていたわけであるが、しかしこの大きな情勢の変化を生みつつあった基礎の力は、一般的な農業生産力の発達であり、それはやがて小土地所有者として、没落した農民を直接に駆使する富農（名主）層の成長となって現れた。

だから中央勢力者が直接経営する大規模な荘園は、平安時代に入ると間もなく発展性を失い、富農層および富農層を直接に握る地方豪族の手に土地私有制展開の主導権が握られて、そこに武士という新しい社会階層が形成され、さらには富農層の名田経営を基礎単位とする寄進地荘園が一般化して、中央勢力者は完全に名目上の領主と化していったのである。

これは、明らかに着実な社会の進展であって、この進展を生み出したのは、地方で農地の開発と経営に当った人々にほかならない。その点から言えば、奈良朝の帰化人の中で、最も積極的な意義を担うのは、農民として広く東国各地に移植された人々であろう。それには、前にも述べた百済滅亡前後の渡来者と、奈良朝に渡来した新羅人がある。

この新羅人は、一時にとくに多数来たことはないようであるが、総計すればかなりの数に上るであろう。その中には帰化する意志はなく、風波に遭って漂着し、そのまま日本に留まった者も少なくないようで、宝亀五年（七七四）五月に大宰府に下した太政官符には、「聞くならく、新羅国人、時に来着するものあり。或いはこれ帰化、或いはこれ流来なり。凡そこの流来は、その本意にあらず。宜しく到るごとに放還して、以て弘恕をあらわすべし。もし駕船破損し、また資粮なきときは、量《はか》りて修理を加え、粮を給して発遣せよ」（『類聚三代格』十八）と言っている。

彼ら新羅人もたいてい東国の各地に移され、公民として戸籍に登録され、時には彼らだけで新しく一郡が建てられた。その史料に見える主なものを拾うと、次のような例がある。

霊亀元年（七一五）七月、尾張国人席田君邇近《むしろだのきみじきん》と新羅人七十四家を以て美濃国に始めて席田郡（現本巣市の一部）を建てた。

天平五年（七三三）六月、武蔵国埼玉郡の新羅人徳師ら男女五十三人に請によって金姓を与えた。

天平宝字二年（七五八）八月、帰化した新羅僧三十二人・尼二人・男十九人・女二十一人を武蔵国の閑地に移して、始めて新羅郡を置いた。

同四年四月、帰化した新羅人百三十一人を武蔵国に置いた。

天平神護二年（七六六）五月、上野国に居た新羅人百九十三人に吉井連の姓を与えた。（以上『続紀』）

帰化人がたいてい東国に移されたのは、養老雑令に、およそ蕃使の往復する大路の近傍には、その国の人や奴婢を置いてはならないという規定があるように、種々の問題が起ることを防ぐ意味もあったであろうが、また当時東国には未墾の原野が多く、彼らの手でこれを開発しようとしたためであろう。

彼らをある程度まとめて移し、そこに郡を新設することが行われているのは、そのことを示している。賦役《ふえき》令に、帰化した者は十年間課役を免除するという規定があるのは、そういう場合をも考慮したものであろう。こうして彼らが移植されること自体が農業生産の増大となったが、開墾の場合だけでなく、その後の経営においても優秀な成績を挙げ、地方に於ける生産力の向上に大いに貢献したものが少なくなかっただろうと思われる。

天平十九年（七四七）五月に前部《ぜんぽう》宝公（高句麗の帰化人であろう）とその妻が、力田（篤農家）として外従五位下と外少初位上を授けられているのは（『続紀』）、恐らくその一例であろう。また席田郡の大領が帰化人の子孫だったように（『続紀』天平宝字二年十月丁卯条）、彼らの中には、郡司となったり在地の勢力者となって、やがて武士化したものも当然あったと考えられる。しかし、東国各地における彼らのそういう活躍の姿を具体的に追うことは残念ながら非常にむつかしい。

7 『新撰姓氏録』

今まで、四、五世紀に始まり八世紀に至る各時期の、各種の帰化人の足跡を見てきたわけであるが、その中で最後の時期に東国各地に分散して配置された人々は、ほとんど無名の帰化人であり、とくに技能を認められることもなく、全くの庶民としての地位を与えられたに過ぎなかった。

従って始めから帰化人としての特殊性の最も稀薄だった人々であり、しかも、地方の原野で農村生活を送るとなれば、生活の基本そのものが周囲の日本人とほとんど変るところがないのであるから、生活の一部には独特な風習を永く保存したりしたかも知れないけれども、大部分の面ではたちまち日本人化してしまったにちがいない。少なくとも、われわれがとくに帰化人として取扱う必要のない存在となったことは確かである。

ところが、実はそういう彼らが、八世紀後半には奈良朝の帰化人の中で、最も直接に社会の進展に関与し、歴史的意義を担う存在となりはじめていたということになれば、帰化人の歴史がこの時期に、どういう段階に来ていたかは、おのずから明らかであろう。それは、もはや最終の段階に近づきつつあったのである。

もちろん鑑真や沈惟岳の渡来はあった。ことに鑑真が南都六宗の中に律宗を加えたことは、仏教史の上で大きな意義をもつものだったであろう。しかしそれも、帰化人の歴史の流れの中では、やや孤立して起った出来事となっているし、社会史・文化史の大勢から見れば、それほどの重要性をもたないと言うこともできるであろう。また帰化人系統の人々の学芸・技術部門における活動も、拾えばある程度拾うことができたわけであるが、それも、大仏鋳造に腕を揮《ふる》った国中公麻呂あたりを最後として、あとはそれほど目ざましいものはなく、一般の貴族の活動の一部をなすにすぎない形になりつつあった。

そうなってきた主な原因は、第一には、新しい帰化人の活発な渡来がなくなったことである。これは国際事情によることであって、当時新羅と日本との関係は非常に険悪になり、恵美押勝が新羅征討の計画を進めたこともあり、両国間の密接な交渉は失われていた。また唐は、安禄山の反乱（七五五）以来国内が混乱して、日唐間の平和的な交通が困難になっていた。

第二には、中央貴族の文化的成長である。これは、もとをただせば奈良朝以前の帰化人の活躍が生み出した結果にほかならないが、とにかくこの時期になれば、一般の貴族が自ら唐文化摂取に出掛けるようになったし、国内の文化活動を自らの手で展開することができるようになった。

また第三には、国内の社会事情が大きく推移してきたことである。今までは、どちらかと言えば大陸で形成された古代文化の成果だけを採り入れて、制度・文物を整えることに急だった日本の社会も、それはどうやら一段落ついて、あとはそれを充分消化するだけとなり、いよいよ社会の基礎的な生産力を高めて、古代社会の実質を備えようという段階に入りはじめた。このことが社会上層部の文化活動の歴史的意義を後退させたのであって、この第三の点が、実は最も根本的な原因というべきであろう。

こうして、平安時代の初頭、九世紀にかかる頃になると、いよいよここに帰化人の歴史の終末期に到達するのである。もしこの後もかなり新しい帰化人の渡来があったならば、その歴史に附け加えるべきものが、いくらかはできたかもしれないが、しかし大勢はそう違いがなかったであろう。右の第二・第三の原因が依然として変らないからである。

この頃の帰化人系統の活躍で目立つものと言えば、桓武朝の二大事業である新都造営における秦氏一族と、蝦夷征討における坂上田村麻呂くらいで、これも、帰化人の面目を発揮した活躍というものではない。

坂上田村麻呂は、坂上氏の地位を確立した苅田麻呂の子で、武勇にすぐれ、延暦十三年（七九四）に、第二回征討軍の征東副使として、大使大伴弟麻呂とともに蝦夷を討ち、ある程度の戦果を収めたが、次の第三回には征夷大将軍に任命され、四万の軍を整えて延暦二十年（八〇一）に陸奥に向い、胆沢《いさわ》の地を確保して翌年胆沢城を築き、鎮守府をここに移した。

彼はその功によって従三位を授けられ、のち大納言右近衛大将となり、弘仁二年（八一一）五月に死んで、従二位を贈られた。年五十四。彼の栄進は、姉妹の坂上又子と娘の春子が桓武天皇の夫人だった関係がいくらかあるかも知れないが、家代々受けついだ武芸の実力によるもので、その人物も部下に心服される将軍の器だったと言われる。彼の活躍は、帰化人の歴史の最後を飾るものということができる。

桓武朝では、田村麻呂のほかに、苅田麻呂が従三位だったし、高倉（高麗）福信も従三位まで進んだ。また、和朝臣《やまと》家麻呂は中納言従三位になり、延暦二十三年に死ぬと、従二位大納言を贈られた。帰化人系の人が同時に二人も公卿の列に加わったのはこのときだけであるが、これは桓武天皇の生母の皇太后高野新笠が、百済系の和史乙継（弟嗣）の娘だったため、天皇がとくに帰化人を優遇したからだと見られており、これも決して帰化人らしい活躍の姿ではない。

和朝臣家麻呂は乙継の孫で、『日本後紀』には、「人となり木訥《ぼくとつ》にして才学なし。帝の外戚を以て、特に擢《ぬき》んで進めらる。蕃人の相府に入るはこれより始まれり。人位余りありて天爵足らずというべし」とある。

とにかくこの頃になると帰化人の氏は、日本在来の氏とほとんど性質の変らないものとなり、帰化人意識も薄くなった。その一つの現れは、氏姓を改めて日本風にすることが頻繁に行われたことである。

その端緒は、天平勝宝九歳（七五七）四月の詔で、高麗・百済・新羅の帰化人で姓を賜りたいと願うものは、ことごとくこれを許すと述べたことにあるということになっていて、実際にもこれ以後改氏姓がとくに盛んになったようであるが、『続日本紀』の天平宝字五年（七六一）三月十五日の条には、とくに多数の人々が同時に新姓を与えられた記事があって、そこに注目すべき事実が現れている。

そこでは、百済人一氏が公姓、九氏が連姓、十二氏が造姓、高麗人六氏が連姓、四氏が造姓、新羅人二氏が造姓、漢人（中国人）一氏が連姓、一氏が造姓を与えられているが、その中に、

楊津連《やなぎつ》（王国嶋《おうのくにしま》等五人）と楊津造（王宝受等四人）
豊原連（上部王虫麻呂《じょうほうおう》）と豊原造（上部王弥夜大理《みやたり》等十人）
御坂連《みさか》（前部白公《ぜんぽう》等六人）と御坂造（前部安人）
雲梯連《うてな》（伯徳広足《はくとく》等六人）と雲梯造（伯徳諸足）

という同氏異姓のものがあり、同様の例として『続紀』延暦二年（七八三）七月十八日の条に、

海原連《うなはら》（金肆順《きんしじゅん》）と海原造（金五百依《きんのいおより》）の賜姓がある。また、右の天平宝字五年のときの清海造《きようみ》（斯蘭国足等二人《しろのくにたり》）に対して『続紀』宝亀十一年（七八〇）五月十一日の条に清海造（斯蘭行麻呂《ゆきまろ》）がある。もちろん連より造のほうが下級の姓（カバネ）であるが、この六例を見ると、すべて一組になっているものは旧姓が同じである。それにもかかわらず姓に差別をつけてあるのは何故であろうか。例外なく旧姓が同じであるから、偶然同じ氏の称を与えられたのではなく、前から互いに特別な関係があったものと考えざるを得ないが、そういう特定の結合体の内部にすでにある程度の上下関係があって、それが姓（カバネ）の上に表現されたものだとすると、これらの結合体というものは階層性を内部に含んだ同族的結合だということになる。

これは日本在来の氏や古い帰化人の氏と同様な構造であって、大化以後の新しい帰化人の氏の形態も、非常に日本的なものになっていたことを示すものと言うことができるであろう。

形態だけでなく、意識もそうであって、帰化人に多い忌寸などの姓（カバネ）をやめて、朝臣・宿禰など、日本在来の氏の持つ高い姓を得ようとした漢氏・秦氏・西文氏・津氏およびその同族などの努力はその好例である。また、改姓は容易には認められないので、勢い詐称が行われるようになる。これも奈良朝の末から非常に盛んになったと見られており、その動機は自分の氏の地位を高めるためと説明されているが、なるべく日本的な名称を持ちたいという意図も大きく働いていたであろう。

こういう動きと関連して、さらに出自の詐称あるいは捏造《ねつぞう》ということが行われてくる。これはいつの時代にも、また日本在来の氏にもよくあることであるが、それが、この時期の帰化人には、とくに盛んに行われたのではないかと思われる。その代表的な例は、やはり漢氏・秦氏・西文氏・津氏一族などで、これによって家柄を高いものに見せようとした精神は、やはり日本的なものと言えるであろう。

『日本後紀』大同四年（八〇九）二月五日の条によると、倭漢惣歴帝譜図というものがあって、その内容は、天御中主尊《あめのみなかぬしのみこと》を始祖とし、魯王・呉王・高麗王・漢高祖命などを、みなその子孫としていたといい、『弘仁私記』の序に見える帝王系図というのも同様のものだったようであるが、これらは、右の風潮が極端に走った産物である。『新撰姓氏録』の序文は、こういう状態について、次のように言っている。

勝宝年中、時に恩旨あり、諸蕃に聴許して願のままにこれ（氏姓）を賜う。遂に前姓後姓をして文字これ同じく、蕃俗和俗をして氏族相疑い、万方の庶氏をして高貴の枝葉に陳《つらな》り、三韓蕃賓をして日本の神胤と称せしむ。……

さて、このような歩みをたどった帰化人系諸氏の終末期におけるリストが、『新撰姓氏録』の諸蕃の部である。

『姓氏録』は、延暦十八年（七九九）十二月に諸氏に提出を命じた各氏の本系帳をもとにして、朝廷で編纂された氏族書で、弘仁五年（八一四）に万多《まんた》親王・藤原園人・同緒嗣らの手で一応完成された。全三十巻で、まえに序論で述べたように、京畿に居住する一千余の氏の系譜を載せており、その終りの三分の一が諸蕃の部であるが、現存するのはその抄録本で、各氏の系譜の詳しい記事はほとんど省略されている。

この書を作った目的は、諸氏の出自を吟味して、氏姓の混乱を正すためだというのが通説であるが、内容を見ると、そういう効果をたいして期待できるようなものでもないし、編者が積極的に各氏の本系帳を検討した様子もない。そういう目的もある程度あったにちがいないが、根本の目的は諸氏の政治的資格と序列を固定しようとしたものであろう。従って、そこに書いてある記事の内容は、それだけではあまりあてになるものではないが、氏のリスト・配列の仕方・記事内容などによって、帰化人系統の氏にどういうものがあり、どういう地位を占め、どういう出自を称していたかという当時の状態は、だいたい知ることができる。

『姓氏録』のようなものを作って、諸氏の政治的資格と序列を固定しようとしたことの意味は、広く種々の面から考察しなければならないむつかしい問題であり、『姓氏録』が作られたこと自体が、帰化人の歴史に終止符を打ったとか、その終末の現れだとかいうことにはならないけれども、少なくとも、それは、終末期の帰化人の諸氏の全貌をだいたい示してくれている。

また、一定の政治的資格のあるものとして、帰化人の氏を一般の氏と同列に扱いながら、そこに諸蕃という項を立てていて、そういう概括的な類別を示した最後のものとなっている。従って『姓氏録』は帰化人の歴史の最後の締めくくりをしたようなものだといってよいであろう。われわれはその諸蕃の部に四、五世紀以来の帰化人の歩みの最後の姿を見ることができるのである。

補 論　遣新羅使の文化史的意義

まえがき

大化改新（六四五）から大宝律令の完成（七〇一）に至る約半世紀が、律令制の形成期として、極めて重要な時期であることは言うまでもない。しかし、いわゆる狭義の改新の時期、すなわち最初の四、五年の間に、どれだけの改革が実施されたかをはっきり知ることが、史料の関係でかなり困難であり、またそのために、この約半世紀の間にそれがどういう経過をたどって進展したか、そこに重大な局面の転換があったかどうかというような点について、それほど深い注意が払われないできた。どちらかというと、改新によって出発した改革運動は、そのまま順調に進んで大宝まで到達したというふうに扱われていたと言えるであろう。

最近になって政治史・社会経済史などの側から、この時期の実態に細かくメスが加えられるようになったが、文化史の方面では、依然として新しい研究があまり現れないようである。それは一つには、聖徳太子の遣隋使以来、奈良朝に至るまでずっと中国との国交が続けられていて、学芸や文物の輸入が引き続き行われているから、その途中に大して問題になるような事象はないはずだという大局観があるためであろう。しかしこの方面でも、実際にはやはり問題がないわけではない。ことに大陸文化摂取の径路については、新羅との関係をもっともっと重視すべきではないかと思われる。それは奈良朝の貴族文化がどのように成立したかという問題と密接な関係をもつものであり、さらに広くいえば、律令制の形成の仕方の問題とも関連してくるはずだからである。従来この時期の日羅関係といえば、ほとんど政治外交の面が問題にされるだけであったが、私は文化交渉の面でもかなりの重要性を認めるべきだと考えるので、以下この時期の還俗僧《げんぞく》に関する史料を手掛りとして、その一端に触れてみたいと思う。

なお、最近田中卓氏は、六国史に見える還俗の事例を通観して、その事情を考察した論文を、『続日本紀研究』一ノ一二（昭二十九年十二月）に発表された。本稿は基づく史料においてこれと重複するところが多いが、主な論点が田中氏の所論の範囲外にあるので、史料についてはできるだけ簡略を旨としつつ、あえてここに発表することにした。

1

還俗の語が日本の文献に見える最初は、敏達《びだつ》十三年（五八四）是歳の条の、「是に唯だ播磨国にして僧還俗の者を得。名は高麗の恵便という。……」とある記事であるが、これは仏教が伝来したばかりの頃で、もちろん制度的な出家でも還俗でもない。正式の還俗の事実が知られるのは、持統朝になってからであって、その後しばらくの間にいくつかの事例が見られる。それらを列挙すると次の通りである。

(1)　山田史御方　持統紀六年（六九二）十月壬申の条に、山田史御方に務広肆の冠位を授けた記事があって、そこに「前に沙門として新羅に学問す」とある。これは記事の書き方や他の例から考えて、この時に還俗させられたものと判断して差支えないであろう。御方は三十六年後の神亀五年（七二八）頃に生存していたことが武智麻呂伝によって知られるから、年齢の点からもそれは不自然ではない。

(2) 高麗沙門福嘉　持統紀七年六月己未朔の条に、「高麗沙門福嘉に詔して還俗せしむ」とある。福嘉の俗名は不明である。

(3) 陽胡《やこ》史久爾曾・吉宜　『続紀』文武天皇四年（七〇〇）八月乙丑の条に、僧通徳・恵俊に勅して還俗させ、前者は陽胡史久爾曾、後者は吉宜という姓名を賜い、それぞれ勤広肆と務広肆の位を与えたとあり、「其の芸を用いんがためなり」と説明がついている。

(4) 春日倉首老　『続紀』大宝元年（七〇一）三月壬辰の条に、僧弁紀を還俗させ、春日倉首老という姓名と追大壱の位を与えたとある。

(5) 録兄麻呂・高金蔵・王中文　『続紀』大宝元年八月壬寅の条に、僧恵耀・信成・東楼の三人を還俗させ、それぞれ録兄麻呂・高金蔵・王中文という本姓に復したとある。

(6) 金財　『続紀』大宝三年十月甲戌の条に、僧隆観を還俗させたが、これは本姓を金財といい、沙門幸甚の子で、「頗《すこぶ》る芸術に渉り、兼ねて算暦を知る」とある。

(7) 大津連首　『続紀』和銅七年（七一四）三月丁酉の条に、沙門義法を還俗させ、姓を大津連、名を意毗登とし、従五位下を授けたとあり、「占術を用いんがためなり」と説明している。

2

僧尼が自分から還俗することは、養老僧尼令に「凡そ僧尼自ら還俗せらば、三綱其の貫属録せよ。京は僧綱に経れよ。自余は国司に経れよ。並に省に申して除附せよ」とあり、『令集解』に引く古記によって、大宝僧尼令でもだいたい同様の規定があったことがわかるから、大宝当時はもちろん、それ以前から法的に認められていたと考えられる。しかし還俗させることは、通常僧尼に科する刑罰の一つであって、養老僧尼令には、「凡そ僧尼、吉凶を卜《うらな》い相り、及び小道、巫術《ふじゅつ》して病療せらば、皆還俗」をはじめ、六ヵ条にわたって還俗させるべき場合を規定している。それらをすべて列記することは省略するが、大宝令においてもやはりだいたい同じ条文があったようである。

還俗の刑罰としての意味は、僧尼令義解で「其れ僧尼の還俗は、猶お俗人の除名のごとし」と説いているように、僧尼という身分を剝奪されることであり、同時にその身分に伴う種々の特典を失うことであった。また還俗はどの程度の重さの刑罰かというと、苦使より一段重く、苦使は十日から百日まで十等級に分れていて、俗人の笞十から杖一百までの十等級に相当するものであった。従って、杖一百を超える場合すなわち徒一年以上に相当する場合に、僧尼のみが該当する罪に対しては単に還俗が行われ、俗人と共通の罪に対しては、還俗させると同時に律によって徒以上の罰が科せられた。

前項に列記した還俗の事例は、その大半が大宝以前であるから、大宝・養老両令の規定によって律することは不当だという非難があるかもしれないが、しかし、そこに見える十人のうち六人までが、還俗とともに代度各一人を許されたことが記されていて、明らかに制度的な取扱いを示しており、しかも大宝直前のことであるから、大宝・養老僧尼令とだいたい同様の制度が行われていたと考えて差支えないであろう。

3

このように、僧尼を還俗させることが通常は刑罰だったとすると、さきに挙げた事例は、すべて特別の措置と見なければならない。その中に「其の芸を用いんがためなり」とか「占術を用いんがためなり」とか付記されているものがあるように、これらが、還俗者の学芸や技能を国家が利用するために行われたものであることは言うまでもないであろう。律令国家権力は非常に強く、別勅などという形で律令条文の規定を無視するのは普通のことであったから、このようなことは少しも不思議ではなく、問題にするには及ばないと見られるかも知れない。確かにその通りであるが、それは当然ありうることだというだけであって、特別の措置であることに変りはない。

しかもこの場合にとくに見逃すことができないのは、それが特定の短期間に集中的に見られるという点であろう。最初の山田史御方が、まえにも言ったように、この持統天皇六年（六九二）に還俗させられたとすると、最後の大津連首が還俗させられた和銅七年（七一四）まで、二十三年ばかりの間にかたまって記事が現れており、それ以後は次の二例が知られるだけである。

すなわち、父が遣唐留学生阿倍仲麻呂の従者として入唐し、唐の女《めと》を娶って生んだ羽栗臣翼は、天平六年（七三四）に十六歳で帰国したのち出家したが、学芸優長のため、朝廷がその才を惜んで還俗させた（『類聚国史』）。

また阿牟公人足は大安寺の僧で泰仙といったが、工術に巧みで漏刻《ろうこく》（剋）を作ったので、弘仁二年（八一一）に還俗させられて外従五位下を授けられた（『日本後紀』）。

この二例は年代が離れており、当然ありうることが散発的に行われたものにすぎない。もちろんこれらは文献に残っているものだけであるから、実際にはこれよりも数が多かったに違いないが、それは問題の時期においても同様に言えることであって、特定の時期に集中的に現れていることにはやはり変りがない。

そうしてみると、事柄の性質が異常なものではないとしても、やはりこの時期にとくに行われなければならなかった特殊な事情があったと考えなければならないであろう。辻善之助博士はこれについて、「元は僧侶そのまゝの姿で才芸を朝廷に用ひられたのであらうが、この頃になつて、僧俗の別が明かになり、各方面に渉つて制度が定められた為であらう」と説かれた（『日本仏教史』上世篇）が、この頃になって僧俗の別が明らかになったというのは、年代がやや遅い感があり、またこれだけでは、この時期を過ぎると還俗の事例が急に減ることを説明できないから、制度が整ったためというより以上に深い事情があったとしなければならない。

4

その事情を考えるために、次に十人の還俗者について、その出身や経歴をしらべてみることとするが、そのうち高麗沙門福嘉については、還俗の記事以外には全く史料がない。また、陽胡史久爾曾は推古朝に百済僧観勒から暦法を習った陽胡史玉陳（推古紀）の子孫ではないかということ、高金蔵はそののち養老七年（七二三）に従五位下に叙せられたこと（『続紀』『姓氏録』）のほかには何の手掛りもない。そこで、あとの七人について簡単に見ると次の通りである。

(1) 山田史御方は、魏人の子孫と称する帰化人の氏の出で、還俗ののち文章道を以て朝廷の優遇をうけ、文雅の士として聞えた。和銅三年（七一〇）に従五位下になり、周防守・大学頭に任ぜられ、従五位上まで進み、養老五年（七二一）には退朝ののち東宮（聖武天皇）に侍せしめられたが、翌年には周防守在任中の犯罪によって除名・免官に処せられるべきところを、とくに恩寵を加えられて赦された。上述の如く神亀五年（七二八）頃までは生存していたことが知られる。

(2) 吉宜は、百済滅亡の結果日本に亡命してきた吉大尚の子で、医術にすぐれ、神亀元年（七二四）に吉田連の氏姓を与えられ、位は正五位下、官は相模介・図書頭・典薬頭などを歴任した。文徳実録によると、侍医として代々供奉し、宜は兼ねて儒道に長じていたとある。

(3) 春日倉首老は和銅七年（七一四）に従五位下となり、『懐風藻』には従五位下常陸介とある。

(4) 録兄麻呂の録は角とも書かれる。養老三年(七一九)に従五位下となり、神亀元年(七二四)に羽林連の氏姓を与えられたが、同四年に丹後守在任中、巡検使に非違を摘発され、犯法もっとも甚しき者として流罪に処せられた。陰陽道を以て仕えた人で、百済滅亡の際に日本に来た角福牟の子と思われる。

(5) 王中文は養老二年(七一八)に従五位下になり、武智麻呂伝によって神亀五年(七二八)頃に生存していたことがわかる。陰陽道を以て仕えた。

(6) 金財は金宅良とも書かれる。神亀元年(七二四)に従六位上で国看連の氏姓を与えられているが、還俗の前年である大宝二年(七〇二)四月に、飛驒国から神馬を献じたため天下に大赦した記事が『続日本紀』に見え、そこに「瑞を獲し僧隆観には罪を免して入京せしむ。《流僧幸甚の子なり。》」とあるので、飛驒に流されていた幸甚という僧の子であったことがわかる。ところが持統紀や『懐風藻』によると、大津皇子に逆謀をすすめたという新羅僧行心は、天文卜筮《ぼくぜい》に詳しく、事件の後に飛驒の寺に移されたとある。そこでこの行心と幸甚は同一人物で、隆観すなわち金財はその子であり、彼が「頗る芸術に渉り、兼ねて算暦を知る」というのは、父から受けついだものだという推測の成立する可能性が極めて大きい（拙稿「新羅沙門行心」『続日本紀研究』一ノ九、昭和二十九年九月）。また『続紀』神護景雲元年（七六七）八月癸巳の条に見える天文博士国見連今虫は、財の子ではないかと思われる。

(7)　大津連首は、慶雲四年（七〇七）五月に帰国した新羅学問僧で、還俗ののち、陰陽道の第一人者として聞え、『懐風藻』には従五位下陰陽頭兼皇后宮亮と記されている。同じく陰陽道の名声の高かった大津大浦はその子で、『続日本紀』に「大浦は世々陰陽を習う」とある。

5

右の結果をもとにして還俗者たちを通観すると、各人に共通するところの多いことに気がつくであろう。その主な点の一つは、大部分が帰化人系統だということである。

春日倉首と大津連とは不詳であるが、山田史は魏人の子孫、陽胡史は隋の煬帝の後裔と称する中国系、その他は朝鮮系で、だいたい百済滅亡の際の亡命者を含む比較的新しい帰化人だと考えられる。六世紀に入った頃を境にして、文氏・漢氏・秦氏などの旧い帰化系諸氏に代って、新しい帰化人が大陸文化の移植に重要な役割を果すようになったことは、史上に明白にうかがわれるが、その状態がここにもよく現れている。

もう一つの主な点は、彼らがその後、律令政府の学芸部門で重要な地位を占める存在となっていることである。それは右の各人の経歴からだいたい知ることができ、さらに次のようなよく知られている史料によって、それを裏づけることができる。すなわち、養老五年（七二一）正月に詔して「文人武士は国家の重んずる所、医卜方術は古今これ崇ぶ。宜しく百僚の内より、学業に優遊し師範たるに堪うる者を擢んでて、特に賞賜を加え、後生を勧励すべし」といって物を賜った中に、文章道に山田御方、陰陽道に大津首・王仲文・角兄麻呂、医術に吉宜があり（『続紀』）、天平二年（七三〇）三月に「陰陽・医術及び七曜頒暦等の類は、国家の要道にして廃闕するを得ず。但し諸博士を見るに年歯衰老す。若し教授せざれば恐らくは絶業を致さん」といって、それぞれ得業生を定めた諸博士の中に、吉田宜と大津首があり（『続紀』）、また武智麻呂伝に挙げられた神亀五年（七二八）頃の代表的知識人の中に、文雅として山田御方、方士として吉田宜、陰陽として王仲文・大津首の名が見えている。

要するに彼らは、だいたいにおいて当時の文化担当者層ともいうべき家柄の出身であり、大陸の学芸を身につけて、奈良時代初期にかけてその方面の貴重な存在となった人々であった。もちろんこの種の存在は他にもないわけではなく、右の史料にもかなりその名を列ねている。しかしその経歴のわかるものは極めて少ないから、中には同様に還俗した者でありながら、史料に洩れてその事実のわからないものもあるであろう。そういう点を計算に入れないでも、還俗者たちの奈良朝文化の中で占めた位置は甚だ大きいと言わなければならない。それは、たまたま僧侶には惜しい才能をもっていたから採用されたという程度のことではなく、医・暦・天文・陰陽などの諸部門はとくに彼らの存在によってはじめて形をなしたといってよいほどだったのである。

6

さて、以上のことが明らかになると、なぜ僧侶を還俗させるというようなことまでしなければ、まさに完成しようとする律令制の学芸部門の陣容を整えることができなかったのかということが大きな問題となるが、それには、最初に言ったように、まずこれらの還俗が行われた時期について考えなければならない。

この時期は、いうまでもなく遣唐使の派遣が天智天皇九年（六七〇）から大宝二年

（七〇二）まで三十余年のあいだ中絶していた期間の終りの頃に当っている。三十余年の中絶というのは、他の派遣間隔にくらべると、桁《けた》はずれに長いとは言えないが、唐制に倣《なら》う律令制の確立の最後の仕上げに努力していた時期であるから、政府にしてみれば、あらゆる手段を講じて、唐から直接に文物・制度を学び取りたかったはずである。それにもかかわらず遣唐使が派遣されなかった理由は、また別の課題として、派遣されなかったことは事実であるから、それは律令制や奈良朝文化の成立事情とその内容を考える際に、ことに重視しなければならないことである。従来この時期の対外関係が主に政治外交の面からのみ取扱われてきたのは、失当というべきであろう。

それではこの期間の為政者が、大陸文化に対して全く手をつかねていたかというと、絶対にそのようなことはあり得ない。また、遣使中絶以前に入唐して帰国した人々があり、その中には例えば伊岐連博徳や土師宿禰甥などのように、大宝律令の撰定の仕事に加わっている人もあるが、しかしそういう少数の人々の利用だけで満足していたはずもない。とすれば、次善の策として当然朝鮮を通じて大陸文化を摂取することに努力が注がれたと推定せざるを得ないであろう。先に還俗者の経歴を調査した結果は、この推定の正しいことをかなりはっきりと示しているようである。

すなわち、山田御方と大津首は新羅学問僧だったことが史料に明記されており、金財だけは飛騨で成人したと考えられるから別であるが、ほかにも同じく新羅学問僧だったものがあると思われる。また、福嘉・吉宜・録兄麻呂・高金蔵・王中文・金財は、いずれも朝鮮からの投帰者かその子弟であって、朝鮮を通じての大陸文化摂取という意味では、新羅学問僧の場合に準ずる性質のものであり、この中にも同時に新羅学問僧だったものが含まれている可能性はもちろんある。

大化以後の日羅関係はしだいに緊迫の度を加え、百済滅亡の際に戦いを交えるに至ったが、白村江の戦（六六三）に日本の水軍が敗退したのち、天智天皇七年（六六八）になって国交が再開された。それから八世紀の初めにわたって、新羅の進調使と日本の遣新羅使の記事がかなり頻繁に、時には毎年のように文献に現れており、普通には両国の間の外交関係がこの時期には円滑だったということだけが指摘されている。しかしこの頻繁な往来の間に、種々の文化が流入したことは、多くの記事のはしにうかがうことができるだけでなく、日本からの学問僧派遣が、その中で大きな役割を果していたことが、今までの考察によって推知されるのである。

朝鮮への学問僧派遣が文献に見える最初は、孝徳紀大化四年（六四八）二月壬子朔の条の「三韓に学問僧を遣す」とある記事であるが、皇極紀四年（六四五）四月戊戌朔の条に見える高麗学問僧鞍作得志の話などからすれば、大化以前からも行われていたことと考えられ、天武天皇十四年（六八五）から文献に新羅学問僧として出てくるものは、すべてこの種の日本から派遣したものである。それらは大部分が帰国したという記事で、慶雲三年（七〇六）八月までにすべて十二人の名が見えており、その中には、鉛粉を造って賞せられ、のちの大僧都となった観成をはじめ、僧綱に任ぜられた観智・弁通・神叡などが含まれていて、奈良仏教界の成立に大きな役割を果したと思われる。また、持統天皇三年（六八九）に帰国した明聡と観智の新羅における師友に贈るために、大宰府に命じて綿各一百四十斤を送らせたことなどは、政府の熱意の一端を物語るものであろう。これらの学問僧の数は、実際には文献に見えるよりはるかに多かったであろうし、また、義法（大津首）や山田御方以外にも還俗させられた者が少なくなかったと思われるのである。

なお、新羅の場合には、遣唐使の場合とちがって、俗人の留学生というものが全く現れて来ない。これはたまたま史料に洩れたのか、あるいは何かの理由で実際にも派遣されず、学問僧がこれを兼ねる意味をはじめから持っていたのか不明であるが、後者ではないかという感が強い。

結び

以上、乏しい史料にかなりの推測を加えて考えてきたことは、七世紀後半、律令制の形成の上で特に重要な時期にもかかわらず、唐との直接の交渉が杜絶《とぜつ》していた期間に、日朝関係が大陸文化摂取の上に非常に大きな意義をもっていたということであり、またその期の日羅交渉の実体の一端を示してくれる新羅学問僧なるものが、従来あまり注意を払われることがなかったけれども、その役割をもっと大きく評価されるべきだということである。

それは日唐直接交渉の一時的な代用物として、軽く見過ごすべきではないであろう。当時の日本側が、遣新羅使を送ることに意外に熱心だった理由も、こういう面からよりよく説明できるのであって、この期における遣新羅使のもつ文化史的意義を改めて認識することが必要だと思われるのである。

（『山梨大学学芸学部研究報告』六、昭和三十年）

参考文献

堅田修「古代帰化人関係論文目録抄」(『古代文化』第九巻第六号)にやや詳しい文献があるので、ここには主要なもののみをあげるにとどめた。詳しくは右の目録を参照されたい。

単行本

栗田　寛『新撰姓氏録考証』吉川弘文館、明治三十三年
岡田　正之『近江奈良朝の漢文学』東洋文庫、昭和四年
丸山　二郎『帰化人の安置』(岩波講座日本歴史)昭和九年、同著『日本の古典籍と古代史』吉川弘文館、昭和五十九年所収
池内　宏『日本上代史の一研究』近藤書店、昭和二十二年、中央公論美術出版、昭和四十五年再刊
辻　善之助『日本文化史Ⅰ』春秋社、昭和二十三年
末松　保和『任那興亡史』大八洲出版、昭和二十四年、吉川弘文館、昭和三十一年再刊
森　克己『遣唐使』(日本歴史新書)至文堂、昭和三十年
安藤　更生『鑑真大和上伝之研究』平凡社、昭和三十五年
佐伯　有清『新撰姓氏録の研究(本文篇)』吉川弘文館、昭和三十七年
三品　彰英『日本書紀朝鮮関係記事考証　上巻』吉川弘文館、昭和三十七年
佐伯　有清『新撰姓氏録の研究(研究篇)』吉川弘文館、昭和三十八年

雑誌論文

平子　鐸嶺「司馬鞍首止利仏師」(『史学雑誌』一八ノ六、明治四十年)
津田左右吉「蕃別の家の系譜について」(同著『日本上代史の研究』所収、岩波書店、昭和二十二年)

池内　宏「百済滅亡後の動乱及び唐・羅・日三国の関係」（同著『満鮮史研究』上世第二冊所収、吉川弘文館、昭和三十五年）
井上　光貞「王仁の後裔氏族と其の仏教」（『史学雑誌』五四ノ九、昭和十八年）、同著『日本古代思想史の研究』岩波書店、昭和五十七年所収
竹内　理三「古代の帰化人」（『国民の歴史』二ノ六、昭和二十三年）、同著『古代から中世へ』上、吉川弘文館、昭和五十三年所収
関　晃「新撰姓氏録の撰修目的について」（『史学雑誌』六〇ノ三、昭和二十六年）『関晃著作集第五巻　日本古代の政治と文化』吉川弘文館、平成九年所収
同「倭漢氏の研究」（『史学雑誌』六二ノ九、昭和二十八年）
同「改編新撰姓氏録諸蕃之部（上）（下）」（『東北大学文学部研究年報』一一・一二、昭和三十六・三十七年）
以上、『関晃著作集第三巻　古代の帰化人』吉川弘文館、平成八年所収
平野　邦雄「秦氏の研究」（『史学雑誌』七〇ノ三・四、昭和三十六年）

解説

大津　透

関晃氏（一九一九・一一・五～一九九六・四・二〇）は、戦後日本古代史の発展の基礎をきずいた歴史学者である。第一高等学校から東京帝国大学文学部国史学科に入学、召集（陸軍少尉）をへて戦後は特研生（前期・後期）として研究室で学ぶというエリートコースを進み、坂本太郎氏の薫陶をうけた。一九五二年に山梨大学学芸学部に赴任し、一九六〇年に東北大学文学部に移り、文学部長にもあたられ、一九八二年の東北大定年後はフェリス女学院大学で教えられた。

東京大学では井上光貞氏と同学年（年齢は井上氏が二つ上）であり、井上氏の活躍にかくれてやや地味であるが、大化改新研究や帰化人研究を柱として、『日本書紀』の厳密な史料批判にもとづく実証的古代史研究を進展させた。今日我々がもっとも氏の学恩を蒙《こうむ》っているのは、戦後の日本古代史の最大の成果の一つといえる、坂本太郎氏を中心に東京大学卒業生の力を結集した日本古典文学大系『日本書紀』上・下（岩波書店、一九六七、一九六五年）の注釈（担当は崇神・応神・欽明・敏達紀）であろう。まとまった著作としては、著者逝去直後の一九九六年十月から翌年二月にかけて『関晃著作集』全五巻が東北大学での受業生の努力によって出版されたものの、生前の著書としては本書『帰化人』がほぼ唯一のものである。帰化人研究の基礎をきずいた名著であるだけでなく、関氏の学風にふれられる点でも貴重なものである。

本書は、山梨大学在任中の一九五六年の出版であるが（一九六六年至文堂刊の増補版で参考文献と詳細な索引が付された）、はしがきで著者は「古代の帰化人は、われわれの祖先だということ、日本の古代社会を形成したのは主に彼ら帰化人の力だったということ」を本書で明らかにしたかったと述べている。それまで帰化人の役割は文化史の面での寄与のみが注目され、国学者流、あるいは「国粋主義の独善的な史観」により軽視されてきたので、この主張は今日においても革新的な視角で驚かされる。

本書は、厳密な史料批判を通じて、帰化人を広く古代国家の成立や社会のあり方の中に位置づけていることが特色で、「古代の政治・経済・文化を語る」との副題が付される所以である。これは一見すると戦前の皇国史観だけを批判しているようだが、本書が執筆されたころは、その反動でマルクス主義歴史学が全盛だった。「さらに最近では、史料批判の上に立って彼らの活躍をできるだけ跡づけることを省略し、理論などによって直ちに古代社会の形成を考えることが多くなった」とは、彼らの非実証的な研究への批判であるが、それだけではないだろう。一九五〇年以降の歴史学は、民族主義が高揚し民族文化が賛美されるなど、「民族」(Volk)が大きなテーマになったのだが、そこでは縄文時代以来日本「民族」が形成され、それが外来文化を吸収しながら発展してきたという単線的な議論もなされていたのである(藤間生大『日本民族の形成』岩波書店、一九五一年など)。これでは太古以来日本固有の民族が続いていたことになり、「神武以来」という戦前の愛国教育とあまり変わらない。著者が帰化人は「われわれの祖先」で、「彼らのした仕事は、日本人のためにした仕事ではなくて、日本人がしたことなのである」という名言は、日本民族の形成を具体的に考え直す意味をもち、その点でも画期的な主張だった。

簡単に内容を紹介しよう。『日本書紀』の敏達元年(五七二)にみえる、高句麗上表文を当時の史部《ふひと》が読むことができず王辰爾(船史の祖)だけが解読できたという説話を分析し、古い帰化人の知識が旧式となったとし、このころを境に古い帰化人と新しい帰化人とに二分する。古い帰化人は文字使用の技術を移入し、史姓を与えられる制度が五世紀後半に整えられ、のちに居住地により東西史部と称されるが、具体的な活動はほとんどわからない。史部の一方の中心である西文氏（文首）は、最も伝統ある古い帰化人で、その祖である王仁の伝承が応神紀・記に記されるが、七支刀の銘文から四世紀後半に百済から渡来した可能性を認める。とはいえ活躍はあまり知られず、船史などの新しい帰化人にお株を奪われたとする。一方の東文氏（書直）は、東漢氏が分裂したうちの一つであり、本書の中心である東漢氏の分析に入る。

倭漢氏の祖先阿知使主《あちのおみ》が応神朝に渡来した伝承が記紀にあり、そのころ帰化したことは認めてよい。倭漢氏は、渡来後一、二代は文筆・財務・外交に携わり、雄略朝に百済より渡来した今来の才伎など手工業技術者を配下に組織し、漢部も設けられ、六世紀前半には文化技術の担当者として発展し漢魏文化の系統を伝えた。しかし六世紀後半を境に専門業務を離れ、財力と武力を基礎に有力豪族となり、文化や外交面の活躍のほか、特に蘇我氏に結びつく政治的活動が注目され、広く言えば君主制強化への反撥と考えられる。その基礎にある多くの漢部・漢人部とその監督者である漢人（村主姓）という指揮系統を明らかにし、令制の雑工戸につながっていくとする。

一方で漢氏と並ぶ秦氏については、弓月君の渡来説話は漢氏に似せて作ったようで、関係史料も少なく疑問も多いが、帰化した年代は古く、五世紀末か六世紀初めには秦部を率いる伴造となったが、政治的地位はそれほど大きくなかったとする。

第二編は後期の帰化人についてで、まず王辰爾一族は欽明朝以降に活躍がみられ、六世紀後半に船・津・白猪の三氏に分かれ、史の職務をおびて七、八世紀には学芸や外交関係で活躍した。さらに推古朝以降の君主制強化の中で特殊技能をもつ新しい帰化人が活躍し、その代表が仏教・蘇我氏と結びついた鞍作氏であり、大化改新の推進勢力に結びついた新漢人《いまきのあやひと》の一群をあげ、留学生・学問僧として大化改新に国博士となった新漢人旻《みん》と高向漢人玄理の活躍を記している。さらに六六〇年の百済滅亡、さらに白村江での敗戦後、百済からはきわめて多数の亡命者が来た。高い教養をもち学識技能を身につけた者が多く、近江朝の文運隆盛さらに奈良朝文化形成の主要な力となった。また唐人や高句麗人も帰化し、外交上困難な状況にあった唐文化摂取の代用の役をつとめた。彼らの存在が律令国家形成に重要だったことを示すものとして、この時期に集中する僧侶を還俗させて様々な技能官人にあてた事例をあげ、その多くは百済亡命者など最新の帰化人で、大部分は新羅学問僧として派遣されたと論じている(なお学術文庫版には、律令制の成立における新羅と帰化人の役割の大きさを指摘した論文「遣新羅使の文化史的意義」を補論に併録した)。

奈良時代になると、中央豪族も積極的に中国文化を摂取するようになるが、学問・

技術面では帰化人の活躍がみられ、そこでは百済亡命者が多い。帰化人は、帰化人としての特殊性を失い一般豪族化して政治的に活躍していくが、百済王氏と高麗氏が特別に朝廷において優遇された。むしろ律令国家にとっては、農民として東国に移植させ田地の開発にあたらせたことが積極的意義をもつと注目している。平安初期には、新都造営における秦氏一族と対蝦夷戦争における坂上田村麻呂（東漢氏）の活躍があったが、すでに帰化人の氏は日本在来の氏とほとんど性質の変わらないものとなり、七五七年には帰化人に姓を賜ることを許して、日本風の姓にすることも行なわれ、帰化人の終末期におけるリストとして『新撰姓氏録』が作成されたのである。

一般向けの叙述でありながら、丁寧に史料を分析し、記紀の記事から何をどこまで言えるかを明らかにし、書紀の史料批判の実例としても学ぶべきことが多い。帰化人についてその活躍の歴史をはじめて詳細に跡づけ、日本古代国家の発展は彼らの存在によって可能になったことを示したのである。著者に論文があることもあり、東漢氏の分析が本書の白眉といえる。

本書刊行ののち、上田正昭『帰化人――古代国家の成立をめぐって』（中公新書、一九六五年）が出され、平野邦雄氏が「秦氏の研究」（『史学雑誌』七〇―三・四、一九六一年）、「八・九世紀における帰化人身分の再編」（『歴史学研究』二九二、一九六四年)を発表し(著書に『帰化人と古代国家』吉川弘文館、一九九三年がある)、この三氏が古代帰化人研究の基礎をきずいたといえる。また関氏と同世代の岸俊男氏が、古代宮都研究の中で宮都造営の大匠を書直県（百済大宮・大寺）、荒田井直比羅夫（難波宮）、坂上忌寸忍熊（平城京）などもっぱら倭漢氏の一族が継承したことを指摘し、倭漢氏が中国系渡来人で中国南朝と関係があることが、日本古代の都城の原型に隋唐より古い南北朝期の都城が考えられることの背景にあると述べている（『古代宮都の探究』塙書房、一九八四年、初発表一九八二年）。

著者の研究テーマは、大化改新や帰化人のほかに、推古朝を中心に分析して律令貴族までを見通した畿内政権論・貴族論などがあげられるが、二九頁にふれるように、社会の未発達の中で比較的短期間で達成された日本古代における統一国家の成立は、社会の内的成熟の結果ばかりでなく海外情勢の影響があるとの一貫した見通しがある（今日ではこれは通説になった）。大化改新も従来言われてきたような天皇権力の回復強化をめざしたのではなく、海外からの脅威に対抗して中央勢力全体が国力を集中したもので、畿内政権内部は伝統的な豪族の力が強く、貴族制の色彩のこい君主制であることを明らかにし、戦後古代史で議論の前提とされた天皇専制国家説に実証的な批判を加えた。そうした国家形成における海外の影響として本書の帰化人研究も位置づけられるので、熊田亮介氏が言うように「一国史の枠を超えた新しい古代史像」を構築したのである（「日本の歴史家二十五人③関晃」『日本の歴史03』月報、講談社、二〇〇一年）。

今日では東アジア世界の中で古代日本を考えることは当然のこととなり、帰化人の出身地の半島・大陸の情勢についても考古学的成果も含め研究は進展した。日本古代国家は中国と同じく蕃夷を従属させる「東夷の小帝国」であるとの論があり、一九四〜一九六頁でふれる百済王氏は（高麗王氏も）、律令国家が蕃国を従え、冊封する帝国秩序を示すために設定されたとの説があり（筧敏生『古代王権と律令国家』校倉書房、二〇〇二年など）、奈良時代の帰化人の意味の一つとして補足すべきだろう。ちなみに高麗王・高麗朝臣の本姓だった背奈氏については、著者は「せな」の旧訓に疑問を示し索引では「はいな」と読んでいるが、近年佐伯有清氏が、写本などの網羅的調査により本来肖奈（しょうな）氏であったこと、高句麗五部の古称「消奴部」に由来することを明らかにしたことを付記しておく（「背奈氏の氏称とその一族」『新撰姓氏録の研究　拾遺篇』吉川弘文館、二〇〇一年）。

もう一つ新出の史料として、二〇〇四年十月に報道され、翌年日本で展示され注目を集めた、中国西安で出土した墓誌（題は「贈尚衣奉御井公墓誌文并序」）は落とせない。開元二十二年（七三四）正月に唐で三十六歳で亡くなり、二月に葬儀が行なわれ尚衣奉御（殿中省尚衣局の長官）が追贈された日本人遣唐留学生の墓誌が出土したのである。「井公」とは、「公、姓は井、字は真成」とあり「井真成」であるが、東野治之氏等が言うようにこれは葛井真成の唐名だと考えられる。新しい帰化人である王辰爾の子孫白猪史氏がこのころ改姓したのが葛井連氏であり、葛井氏の奈良時代における対外交流や文化面での活躍にさらに一頁を加えることになった。なお鈴木靖民氏は井真成の日本名は井上真成だとし、その場合は古い帰化人倭漢氏の一枝族、井上忌寸であるが、やはり帰化人の外交上の活躍の例であることに変わりはない（専修大学・西北大学共同プロジェクト編『遣唐使の見た中国と日本』朝日選書、二〇〇五年など）。

現在刊行にあたって気になるのは、タイトルの「帰化人」であろう。現在筆者もふくめほとんどの高等学校の日本史教科書の叙述では「渡来人」と言い「帰化人」を用いていないのである。実はなぜ「帰化人」が使えないのかよくわからないが、論拠の一つは、「帰化人史観」などと言われ、帰化人は差別用語で、日本中心の考え方で、古代の「帰化」が、近代の満鮮の植民地支配や韓国併合の根拠に利用されたことらしい。とはいえ近代の問題は、古代史の用語の価値とは別次元であり、また古代中国でも日本でも「帰化」に差別的・蔑視的意味はなかった。また「帰化」は、一種の中華主義をもつ律令国家の成立以降に法制化されるので、律令国家成立以後に限るべきだという論もある。たしかに弥生文化を伝えて大陸や半島から渡来した弥生人を「帰化」というのはおかしいが、五世紀に渡来して大和政権の中枢に入り律令貴族になった倭漢氏を「帰化人」と言ってはいけないか、疑問もある。

では「渡来人」が適切かどうか。この点著者は、吉川弘文館刊の『国史大辞典』四（一九八四年）で帰化人の項目を執筆して、「なお最近では『帰化人』の語が中国で本来もっていた中華思想的な発想を嫌って、『渡来人』という新語を用いることも行われているが、日本に住みついて日本人の一部となった者という意味が含まれなくなるので、あまり適切な語とはいえない」と、問題があることを指摘している。単なる移動を示す「渡来」では、表わしきれない部分があり、古代の学術・法制用語として「帰化」は使うべきだとの意見も強い。重要なのは使う人の意識で、関氏が帰化人は日本人の一部だと言う時、差別や蔑視とは全く逆の革新的な意識がある。ただ「渡来人」におきかえればすむのではないことを銘記すべきだろう。

近年の渡来人研究は、考古学的成果のとり入れのほか、対外交流史の進展の中での国境や国家の相対化、文化人類学のエスニシティ論（民族集団や帰属意識）などの議論をうけて、一見すると活発化しているのだが、一方で『日本書紀』にどれだけ多くのことを語らせているかという点では、進歩していないのではないかとの疑念もある。本書の復刊が、多くの読者が著者の研究を読みなおし、倭漢氏をはじめ半島や大陸から渡来した帰化人の日本古代国家形成にはたした役割を考える機会になればと思う。

著者が唱えた畿内政権論・貴族論は、その後早川庄八氏により継承され、深められた（『天皇と古代国家』講談社学術文庫、二〇〇〇年など）。筆者もまたその驥尾《きび》に付し、畿内制の視点から古代国家の構造を考察したが、著者と親しく会話をしたのは修士課程の時に学会発表した夜の懇親会一度だけだった。諸般の事情でなかなか実現しなかった本書の復刊がようやく実現したことを心から喜ぶとともに、拙い解説がいただいた学恩に報いることになればと思う。

著者関晃氏についてさらに知りたい方には、先述の熊田亮介氏の文章のほか、井上光貞ほか『シンポジウム日本歴史３　大化改新』（学生社、一九六九年）をおすすめする。井上氏の司会のもと、門脇禎二氏・直木孝次郎氏とともに、推古朝から壬申の乱にいたる著者の見方が卒直に語られている。

（東京大学大学院人文社会系研究科准教授）

索　引

あ

飽波漢人《あくなみのあやひと》 105 106
飽波村主《すぐり》 101
余仁軍《あぐりのじんぐん》 180 182
余秦勝《はたかつ》 179 181
余真人《まひと》 180 181
麻田連真浄《あさだのむらじまきよ》 183
麻田陽春《ようしゅん》 181 182
朝原《あさはらの》（秦）忌寸《いみき》道永《みちなが》 183
飛鳥村主《あすかのすぐり》 101
費直《あたえ》（費） 78 93 94 110
新しい帰化人 44 129 139 175 194
阿智王《あちおう》 69 70 101 102 109 110 127
阿直岐《あちき》 12 49 54 58
阿知吉師《あちきし》 49
阿知使主《あちのおみ》 11 64〜68 101 107 109 112
漢氏《あやし》→東漢氏《やまとのあやし》
挑文師《あやとりし》 185
漢直《あやのあたえ》→東漢氏
漢直比羅夫《ひらふ》→荒田井直比羅夫《あらたいのあたえひらふ》
漢奴加己利《ぬかこり》 78
漢山口直大口《やまくちのあたえおおくち》→山口大口直《やまくちのおおくちのあたえ》
漢人《あやひと》 71 96〜104 110 116 117 126 144 147 156 190 206
漢人村主《あやひとのすぐり》 101 102
漢人部《あやひとべ》 96 97
漢人夜菩《やぼ》 143
漢部《あやべ》 68 71 73 88 92 94 96 97 99 100 102〜104 106 107 112 117
荒田井直比羅夫《あらたいのあたえひらふ》（漢直比羅夫・倭漢直荒田井比羅夫） 75 80
荒田井忌寸《いみき》 76
晏子欽《あんしきん》 178

い

伊岐《いきの》（連）博徳《はかとこ》 175 224
伊支連古麻呂《いきのむらじこまろ》 181
維敬宗《いけいそう》 178
池原朝臣《いけはらのあそん》 38
池辺直氷田《いけべのあたえひた》 78 143
石占忌寸《いしうらのいみき》 76
医術 140 163 171 180 219 222
緯書《いしょ》 149 152〜154
井上忌寸《いのうえのいみき》 76
伊部造《いべのみやつこ》 120
今来《いまき》 147
今来郡 101 147
新漢《いまきのあや》 104 147

新 漢斎文《いまきのあやのさいもん》…………141
新 漢人《いまきのあやひと》…………142 146〜148
新漢人大国《おおくに》…………147
新漢人広済《こうさい》…………147
新漢人旻《みん》↓僧旻《そうみん》
今来村主《いまきのすぐり》…………101
今来の才伎《てひと》…………147
忌寸《いみき》…………61 62 188 190 192 207
石村忌寸《いわれのいみき》…………76
石村村主石楯《すぐりいわたて》…………189

う

烏《う》羽《う》の表《ひょう》…………24 39 129
菟《う》道稚郎子《じのわきいらつこ》…………49 50
ウズマサ…………112 113 115 119
太秦公《うずまさのきみ》…………191
太秦 公宿禰《うずまさのきみのすくね》…………109
太秦 公宅守《うずまさのきみやかもり》…………193
内蔵《うちつくら》…………67 86 120 123 124
雲梯 造《うてなのみやつこ》…………206
雲梯連《むらじ》…………206
海原 造《うなはらのみやつこ》…………207
海原連《むらじ》…………207
畝火宿禰《うねびのすくね》…………76
宇《う》閇《への》（於）直《あたえ》…………75
馬《うま》…………49 74
馬首《うまのおびと》（武生《たけお》宿禰）…………60

え

恵《え》雲《うん》…………147
画師《えかき》…………140
画部《えかき》…………92 104
画部因斯羅我《えかきのいんしらが》…………67 104
恵《え》光《こう》…………147
恵俊《えしゅん》…………169 214
朴市秦造田来津《えちのはたのみやつこたくつ》…………124 160
恵《え》日《にち》↓薬師恵日《くすしのえにち》
榎井忌寸《えのいのいみき》…………76
恵《え》斉《さい》…………147
恵《え》耀《よう》…………170 214
袁晋卿《えんしんけい》…………176 177

お

王維倩《おういせん》…………178
王元仲《おうげんちゅう》…………184 185
王辰爾《おうしんに》…………21〜25 37 44 50 60 129 130
王仲文《おうちゅうぶん》（中文）…………132 133 135 137 139 170 171 179〜181 222
王国嶋《おうのくにしま》…………206
水海連《おうみのむらじ》…………120
大県 史《おおあがたのふひと》…………38
大石村主《おおいしのすぐり》…………101
大蔵《おおくら》…………67 86 95 118〜120 123 124
大蔵 直広隅《おおくらのあたえひろすみ》…………89
大蔵忌寸《いみき》…………190
大津連 首《おおつのむらじおびと》…………170 171 173 179 180 214 217 221 222 224 226

大友村主高聡《おおとものすぐりこうそう》……141
大柱直《おおはしらのあたえ》……83
憶仁《おくに》……163
憶礼福留《おくらいふくる》……161 163
訳語《おさ》……92
長田村主《おさだのすぐり》……101
押坂《おしさかの》（忍坂）直《あたえ》（忍坂忌寸《いみき》）……75 76
忍坂直大摩侶《あたえおおまろ》……90
忍坂忌寸《いみき》→押坂直
忍海漢人《おしぬみのあやひと》……97〜100 102 104 105
忍海村主《すぐり》……101
忍海部《べ》……105 106
小谷忌寸《おたにのいみき》……76
小椅江《おばしのえ》……103
使主《おみ》……64 70
陰陽道《おんみょうどう》……161 163 170 171 220〜222
陰陽博士《はかせ》……151 164 182

か

学職頭《がくしょくのかみ》……161 162
学問の伝来……49
春日倉首老《かすがのくらのおびとおゆ》……170 214 219
門忌寸《かどのいみき》……76
葛野川大堰《かどのがわのおおい》……190
金作村主《かねつくりのすぐり》……101 102 104
金作部《かねつくりべ》……104 105
上毛野朝臣《かみつけぬのあそん》（上毛野君）……37 38 49
上野公竹合《かみつけぬのきみたかはせ》……38
賀茂神社……122
草《かやの》（蚊屋）直《あたえ》（蚊屋宿禰・蚊屋忌寸）……75 76
蚊屋忌寸《かやのいみき》木間《このま》……89
蚊屋宿禰《すくね》→草直《かやのあたえ》
栢原村主《かやはらのすぐり》……184
韓鍛冶首《からかぬちのおびと》……105
韓国忌寸《からくにのいみき》……76
韓人池《からひとのいけ》……103
狩忌寸《かりのいみき》……76
軽忌寸《かるのいみき》……76
西漢氏《かわちのあやし》……63 64 93 188
西大友村主《おおとものすぐり》……101
西波《は》多村主《たのすぐり》……101
西文氏《ふみし》→文首《ふみのおびと》
西文忌寸《ふみのいみき》→文首
河内書首《かわちのふみのおびと》→文首
河辺勝《かわべのすぐり》……122
河原忌寸《かわらのいみき》……76
川原民直《かわらのたみのあたえ》……75
漢《かん》・魏《ぎ》文化《ぶんか》……127
鑑真《がんじん》……177 202
観勒《かんろく》……39 140 146 219

き

伎《ぎ》楽《がく》……140 141 176
義《ぎ》覚《かく》……165

く

鞍作徳積《とくさか》…… 146
鞍作得志《とくし》…… 146 172 225
鞍作磨心《とごころ》…… 184 185
鞍作鳥《とり》（止利仏師）…… 144 184
鞍作福利《ふくり》…… 146
内蔵忌寸《くらのいみき》（内蔵宿禰）…… 77 190
蔵首《くらのおびと》（蔵史）…… 45 60
蔵伎美麻呂《きみまろ》…… 182
内蔵宿禰《くらのすくね》→内蔵忌寸
蔵史《くらのふひと》→蔵首
蔵部《くらべ》…… 41 67 106 124
椋部秦久麻《くらべのはたのくま》…… 116 120 123
栗村忌寸《くりむらのいみき》…… 76
栗栖首《くるすのおびと》…… 60
呉《くれ》…… 66
呉原忌寸《くれはらのいみき》…… 76
黒丸直《くろまるのあたえ》…… 76
桑原漢人《くわはらのあやひと》…… 98 99 102 104
桑原村主《すぐり》…… 101

け

荊助仁《けいじょじん》…… 181
継体欽明朝《けいたいきんめいちょう》の内乱…… 118
遣隋使《けんずいし》…… 130 146 212
遣隋留学生…… 39 79 140 146～151
還俗《げんぞく》…… 169 170 172 212～221 221～223 223 226
還俗者《しゃ》…… 78 170 171 173 217 218 221 223 224
遣唐《けんとう》留学生…… 136 148 173 217

こ

甲賀村主《こうかのすぐり》…… 101
甲許母《こうきよも》（城上真立）…… 180 181
高金蔵《こうきんぞう》…… 170 171 214 219 225
皇甫昇女《こうほしょうじょ》…… 176 177
皇甫東朝《とうちょう》…… 176 177
功満王《こうまんおう》…… 109
広隆寺《こうりゅうじ》（蜂岡寺）…… 116 119 123
郡忌寸《こおりのいみき》…… 76
国記《こくき》…… 132 139
国骨富《こくこつぶ》…… 163 183
谷那《こくな》庚受《こうじゅ》（難波連吉成）…… 180 181
谷那晋首《しんしゅ》…… 161
高志史《こしのおびと》（古志連）…… 60
呉《ご》粛胡明《しゅくこめい》（御立連呉明・御立連清道）…… 180 181
吾《ご》税児《ぜいじ》…… 178
高麗王《こまおう》若光《じゃくこう》…… 166
高麗郡《ぐん》…… 166 195
狛戸《こまこ》…… 106
高麗氏《こまし》…… 194 195
高麗朝臣《こまのあそん》福信《ふくしん》(高倉朝臣福信)…… 166 195 205
高麗恵便《えびん》…… 78 143 213
高麗加西溢《かせいつ》…… 78

さ

西琳寺《さいりんじ》…… 60 61

西琳寺縁起《えんぎ》……61
坂田寺《さかたでら》……144
坂上系図《さかのうえけいず》…68 69 76 101 104 109 110 147
坂上氏《さかのうえし》↓坂上直
坂上直《さかのうえのあたえ》(坂上氏・坂上忌寸)…68 69 76 77 83 91 101 189 190 204
坂上直老《おゆ》……70 89 90
坂上直国麻呂《くにまろ》……89
坂上直熊毛《くまげ》……89 90
坂上犬養《いぬかい》……69 189
坂上忌寸《いみき》↓坂上直
坂上苅田麻呂《かりたまろ》……69 100 110 190 196 204 205
坂上田村麻呂《たむらまろ》……69 190 204 205
酒人忌寸《さかひとのいみき》……76
栄山忌寸《さかやまのいみき》……178
桜井宿禰《さくらいのすくね》……77
桜野首《さくらののおびと》……60
沙《さ》宅紹明《たしようめい》……161 162 164
佐太忌寸《さたのいみき》(佐太宿禰)……77 190
佐太宿禰《さたのすくね》↓佐太忌寸
薩弘恪《さつこうかく》……165 175
雑工戸《ざつこうこ》……105 106
雑集《ざつしゆう》……150
佐糜漢人《さびのあやひと》……98 102 104
佐味村主《さみのすぐり》……101
算術……179
三色に変る虫……121
三蔵《さんぞう》……86 124

し

志賀漢人慧隠《しがのあやひとえおん》……147 148
史官流《しかんりゆう》……44
慈訓《じきん》……136
斯佐直《しさのあたえ》……76
思託《したく》……177
七支刀《しちしとう》……53 55〜57
七不可《しちふか》……90 91
四天王寺《してんのうじ》……145
指南車《しなんしや》……80 163
志努直《しぬのあたえ》……69 76
司馬達等《しばたつと》……78 142〜145
四比福夫《しひふくふ》……163
周代《しゆうだい》の古音《こおん》……127
四邑《しゆう》の漢人《あやひと》……98 102 104
朱政《しゆせい》……178
淳武微子《じゆんむびし》……168
祥瑞《しようずい》……149 152〜154
祥瑞思想……149 153 154
浄土思想……150
上部王弥夜大理《じようほうおうみやたり》……206
上部王虫麻呂《むしまろ》……206
続守言《しよくしゆげん》……165
徐公卿《じよこうけい》……178
諸蕃《しよばん》……15 116 208〜210
白猪阿麻留《しらいのあまる》……136
白猪氏《しらいし》↓白猪史胆津《ふひといつ》

白猪胆津《しらいのいつ》→白猪史胆津
白猪史《ふひと》（葛井連・葛井宿禰）……37 62 131 137
白猪史胆津《いつ》（白猪胆津・白猪氏）……130 131 135
白猪宝然《ほうねん》→白猪骨《ほね》
白猪骨《ほね》（白猪宝然）……136 175
白猪屯倉《みやけ》……130 131
新羅学問僧《しらぎがくもんそう》……169 172 173 221 224〜227
新羅郡《しらぎぐん》……200
白鳥村主《しらとりのすぐり》……101
斯蘆国足《しろのくにたり》……207
斯蘆行麻呂《ゆきまろ》……207
沈惟岳《しんいがく》……177 178 202
讖緯説《しんいせつ》……152
神獣鏡銘文《しんじゅうきょうめいぶん》……47
信成《しんじょう》……170 214
『新撰姓氏録』《しんせんしょうじろく》……11 69 101 208 209
辰孫王《しんそんおう》……138

す

陶部高貴《すえつくりのこうき》……67 104 147
菅野朝臣《すがののあそん》（津連）真道《まみち》→津連《つのむらじ》真道
村主《すぐり》……33 34 41 100 102 110
勝鳥養《すぐりのとりかい》……147
嵩山忌寸《すせのいみき》……178
隅田八幡宮人物画象鏡《すだはちまんぐうじんぶつがぞうきょう》……43
住吉朝臣《すみよしのあそん》……38

せ

禅広王《ぜんこうおう》……194 195
占星台《せんせいだい》……163
善那使主《ぜんなのおみ》……140
前部白公《ぜんぼうはくこう》……206
前部宝公《ほうこう》……201

そ

僧詠《そうえい》……165 182
僧旻《みん》（新漢人旻・旻法師）……98 147 149〜156
染戸《そめこ》……106

た

田井忌寸《たいのいみき》……76
大仏鋳造……163 183 195 202
帯方郡《たいほうぐん》……65 72 127
高丘河内《たかおかのかわち》→楽浪河内《らくろうのかわち》
高丘連比良麻呂《むらじひらまろ》……182
高倉朝臣福信《たかくらのあそんふくしん》→高麗朝臣福信《こまのあそんふくしん》
高田忌寸《たかだのいみき》……76
高野新笠《たかののにいがさ》……195 205
高宮漢人《たかみやのあやひと》……98 102 104
高宮村主《すぐり》……101
高向漢人玄理《たかむこのあやひとげんり》→高向玄理
高向玄理（高向漢人玄理）……38 79 98 147 148 150 151 154〜159
高向村主《すぐり》……101 102 110

帝王系図……208
帝紀……44
天寿国繡帳《てんじゅこくしゅうちょう》……78 120
天皇記《てんのうき》・国記《こくき》……132 139
天文……140 149 152 167 171 220

と

道栄《どうえい》……176
踏歌《とうか》……100 166
唐楽《とうがく》……176 177
道教《どうきょう》……185
道教思想……47
道顕《どうけん》……167
道昭《どうしょう》……136
道璿《どうせん》……176
道蔵《どうぞう》……164 165
唐大和上東征伝《とうだいわじょうとうせいでん》……177
塔《とうの》　勝《すぐり》……122
答㶱春初《とうほしゅんしょ》……161 163 164
答本忠節《とうほちゅうせつ》……182
答本《とうほ》（麻田連）陽春《ようしゅん》……181
東楼《とうろう》……170 214
徳斉法師《とくさいほうし》……144
徳師《とくし》……200
徳自珍《とくじちん》……163
徳頂上《とくちょうじょう》……161 163
徳来《とくらい》……140
常世《とこよ》の神《かみ》……119
豊原造《とよはらのみやつこ》……206
豊原連《むらじ》……206
刀《と》利宣令《りのせんりょう》……179 182
刀利康嗣《やすつぐ》……181 182
止《と》利《り》仏師《ぶっし》→鞍作鳥《くらつくりのとり》
遁甲《とんこう》……140

な

長井忌寸《ながいのいみき》……178
長尾直真墨《ながおのあたえますみ》……89
長尾忌寸《いみき》金村《かなむら》……183
永国忌寸《ながくにのいみき》……178
中科宿禰《なかしなのすくね》……138
長忌寸《ながのいみき》……77
長野村主《ながののすぐり》……101
夏身忌寸《なつみのいみき》……76
七枝刀《ななさやのたち》……54 56
難波吉士《なにわのきし》徳摩呂《とこまろ》……130
難波の堀江《ほりえ》……103
難波（連）吉成《よしなり》……180 182
奈羅訳語《ならのおさ》恵明《えみょう》……146

に

新長忌寸《にいながのいみき》……178
新家忌寸《にいのみのいみき》……76
新山古墳《にいやまこふん》出土鏡《しゅつどきょう》……47
錦綾《にしきあや》……184 185
錦部《にしごり》……92 102 104
錦部漢人《にしごりのあやひと》……100〜104

錦部定安那錦《じょうあんなこむ》……67, 104
錦部村主《すぐり》……101, 102, 104
錦織壺《にしごりのつふ》……143
日本紀竟宴《にほんぎきょうえん》……50
日本世記《せいき》……167
爾波伎直《にわきのあたえ》……69, 77

ぬ

額田村主《ぬかだのすぐり》……101
努理使主《ぬりのおみ》（奴理能美）……120, 121, 126

は

背奈行文《はいなのぎょうぶん》……179〜181, 195
背奈福徳《ふくとく》……166
白村江《はくそんこう》の戦《たたかい》……160, 168, 194, 225
伯徳広足《はくとくのひろたり》……206
伯徳諸足《もろたり》……206
土師連長兄高《はじのむらじながえこ》……61
馬清朝《ばせいちょう》……178

秦氏《はたし》→秦造《はたのみやつこ》
秦忌寸都里《はたのいみきつり》……122
秦吾寺《あてら》……124
波多忌寸《はたのいみき》……76
秦忌寸《はたのいみき》→秦造《はたのみやつこ》
秦大蔵造《おおくらのみやつこ》……123
秦大蔵連《おおくらのむらじ》……123
秦大津父《おおつち》……116〜118
秦首《おびと》……122
秦姓《かばね》……122
秦冠《かむり》……122
秦公《きみ》……122, 191
秦公伊呂具《いろぐ》……123
秦子《こ》……122
秦酒公《さけのきみ》……108, 111, 116
秦島麻呂《しままろ》……191
秦勝《すぐり》……122
秦足長《たるなが》……193
秦朝元《ちょうげん》……180〜182, 191

秦友足《ともたり》……125
秦長蔵連《ながくらのむらじ》……123
秦中家忌寸《なかついえのいみき》……123
秦造《みやつこ》（秦忌寸・秦氏）……3, 58, 61, 70, 91, 107〜126, 182, 188, 190〜194, 204, 207, 208, 221
秦造河勝《かわかつ》……116, 119, 123, 193
秦造熊《くま》……125
秦造綱手《つなて》……125
秦連《むらじ》……122
秦人《はたひと》……103, 116, 117, 121, 122, 126
秦人部《べ》……108
秦部《はたべ》……108, 114, 117, 121, 124
蜂岡寺《はちおかでら》→広隆寺
林忌寸《はやしのいみき》稲麻呂《いなまろ》……183
腹《はら》……68, 70, 122
波羅門僧菩提僊那《ばらもんそうぼだいせんな》……176
播磨村主《はりまのすぐり》……101
蕃別《ばんべつ》……14, 15

ひ

日置造《ひおきのみやつこ》（栄井宿禰）蓑麻呂《みのまろ》…183
俾加村主《ひかのすぐり》…101
檜前忌寸《ひくのまのいみき》…194
飛丹薬《ひたんやく》…185
檜前直《ひのくまのあたえ》…76
檜隈民使博徳《ひのくまのたみつかいはかとこ》…40　41
檜原宿禰《ひばらのすくね》…76
平方村主《ひらかたのすぐり》…101
平田忌寸《ひらたのいみき》（宿禰）…76　190

ふ

吹角村主《ふきつののすぐり》…101　102　104
吹角部《ふきつのべ》…104
福嘉《ふくか》…169　171　214　218　225
葛井子老《ふじいのこおゆ》…136
葛井宿禰《すくね》→白猪史《しらいのふひと》
葛井広成《ひろなり》…136　181　182
葛井連《むらじ》→白猪史
葛井諸会《ふじいもろあい》…136　182
仏教の伝来…50　142　213
仏足石《ぶっそくせき》…140
仏徹《ぶってつ》（仏哲）…176
船山古墳出土太刀《ふなやまこふんしゅつどたち》…42
船氏《ふねし》→船史《ふねのふひと》
船首王後墓誌銘《ふねのおびとおうごぼしめい》…134
船沙弥麻呂《さみまろ》…136　182
船長《つかさ》…129
船夫子《ふうし》…136
船史《ふねのふひと》（船氏・船連・宮原宿禰）…21　37　45　61　62　73　129　130　133〜138
船史恵尺《えさか》…132　136　139
船史王後《おうご》…133　134　139
船史王平《おうへい》…130　139
船史竜《りゅう》…130
船賦《ふねのみつぎ》…129
船連《ふねのむらじ》→船史
船連大魚《おおお》…179　181
史《ふひと》…21〜26　33　34　36　40〜42　44　45　127　130　135　156
史戸《ふひとべ》…40　41
史部《ふひとら》…40　41
史部流《ふひとべりゅう》…44
文直《ふみのあたえ》（書直）（文忌寸・文宿禰・東文氏・東文忌寸）…45　46　48　49　62　63　75　77　91　124　190　194
書直県《ふみのあたえあがた》（倭漢直県・倭漢書直県）…78〜80
書直薬《くすり》…90
書直成覚《じょうかく》…89　90
書直智徳《ちとこ》…89〜91
書直麻呂《まろ》…79
文池辺忌寸《ふみのいけべのいみき》…77
文忌寸《ふみのいみき》→文直《ふみのあたえ》
文忌寸馬養《うまかい》…59
文忌寸禰麻呂《ねまろ》（書首根麻呂）…59

文首《ふみのおびと》（西文氏・河内書首・西文忌寸）……45 48 49 58～61 63～66 73 88 91 124 126 135～139 188 193 207 208
書　首大阿斯高《ふみのおびとおおあしこ》……61
書首加竜《かりゅう》……37 45 59
書首支弥高《きみこ》……61
書首栴檀高《せんだんこ》……61
書首根麻呂《ねまろ》→文忌寸禰麻呂《ふみのいみきねまろ》
文　宿禰《ふみのすくね》→文　直《ふみのあたえ》
文山口忌寸《やまくちのいみき》……77
文部《ふみべ》……41
文部岡忌寸《ふみべのおかのいみき》……76
文部谷忌寸《たにのいみき》……76 190
古い帰化人……25 26 42 44 48 64 88 107 126～129 138 148 175 188 194 207

ほ

法興寺《ほうこうじ》……78 82 85 132 144 147 184
放済《ほうさい》……165
方術《ほうじゅつ》……170 222
法蔵《ほうぞう》……164
法隆寺……79 145
法隆寺金堂の釈迦《しゃか》三尊像《さんそんぞう》……145
卜筮《ぼくぜい》……152 167 171 220
桙削寺《ほこぬきでら》……78
炑《ほ》日比子《につひし》賛波羅《さんはら》金羅《こんら》金須《こんしゅ》……161

ま

松尾神社《まつおじんじゃ》……122
真野首弟子《まののおびとてし》……141
茨田《まんだ》の堤《つつみ》……103
茨田の屯倉《みやけ》……103

み

御坂　造《みさかのみやつこ》……206
御坂連《むらじ》……206
水臬《みずはかり》……140 163
御立連清道《みたちのむらじきよみち》→呉粛胡明《ごしゅくこめい》
御立連呉明《ごめい》→呉粛胡明
御立史《ふひと》……36
路　直益人《みちのあたえますひと》……89
路忌寸《いみき》……76
路宿禰《すくね》……76
南淵　漢人請安《みなぶちのあやひとじょうあん》……98 147 148 150 156
味摩之《みまし》……141
任那《みまな》の成立……53
任那の調《みつぎ》……157
三宅史《みやけのふひと》……45
宮原宿禰《みやはらのすくね》→船　史《ふねのふひと》
旻法師《みんほうし》→僧旻《そうみん》

む

牟佐村主《むさのすぐり》……101
身狭村主青《むさのすぐりあお》……40 41
席田郡《むしろだぐん》……200 201
席田君邇近《むしろだのきみじきん》……199

も

孟恵芝《もうけいし》……178
木素貴子《もくそきし》……161 164
文章道《もんじょうどう》……170 179 219 222

や

陽胡史《やこのふひと》……37 39 140 221
陽胡史久爾曾《くにそ》……169 214 219
陽胡真身《むざね》……180 181
楊津造《やなぎつのみやつこ》……206
楊津連《むらじ》……206
山木直《やまきのあたえ》……69 76
山口直《やまくちのあたえ》(宿禰)……75 77 190
山口忌寸田主《いみきたぬし》……179〜182
山口大口費《やまくちのおおくちのあたえ》(漢山口直大口)……79
山口大麻呂《おおまろ》……175
山田史御方《やまだのふひとみかた》……169〜171 173 179〜181 224
山田連銀《むらじしろがね》……183
東西史部《やまとかわちのふひとら》……41 45 193 194
和朝臣家麻呂《やまとのあそんいえまろ》……205
東漢氏《やまとのあやし》(倭漢氏・漢直・漢氏)……3 61 63〜68 71〜77 79 80 82〜86 88〜94 96 99 100 102 103 106 112 114〜117 122 124〜127 189 192 193 207 208 221
倭漢直県《やまとのあやのあたえあがた》→書直県《ふみのあたえあがた》
倭漢直荒田井比羅夫《あらたいのひらふ》→荒田井直比羅夫
東漢直磐井《いわい》……82
東漢直駒《こま》……80 82 83
東漢費直諸氏記《しよしき》……110
東漢直掬《つか》→都加使主《つかのおみ》
倭漢直福因《やまとのあやのあたえふくいん》……79 146
東漢氏直糠児《やまとのあやのうじのあたえあらこ》……79
山東漢大費直意等加斯《やまとのあやのおおあたえとかし》……78
山東漢大費直麻高垢鬼《まこくき》……78
東漢坂上直子麻呂《さかのうえのあたえこまろ》……79
倭漢沙門知由《しゃもんちゆ》……80 163
東漢長直阿利麻《ながのあたえありま》……80
倭漢書直県《ふみのあたえあがた》→書直県《ふみのあたえあがた》
倭漢文直麻呂《ふみのあたえまろ》……88 124 125
東漢末賢《まけん》……78 120
和薬使主《やまとのくすりのおみ》……139 140
和史乙継《ふひとおとつぐ》……205
東文氏《やまとのふみし》→文直《ふみのあたえ》
東文忌寸《ふみのいみき》→文直
東文忌寸部《ふみのいみきら》横刀《たち》を献る時の呪《じゅ》……46
東文部忌寸《ふみべのいみき》……76

ゆ

融通王《ゆうつうおう》……109
弓削部《ゆげべ》……105
弓月君《ゆづきのきみ》……11 107〜109 115 120

よ

依網池《よさみのいけ》……103

吉井連《よしいのむらじ》……200
余自進《よじしん》……160
与努忌寸《よのいみき》……76
鎧作《よろいつくり》……105

ら

楽浪郡《らくろうぐん》……65 72 127
楽浪《らくろうの》（高丘連）河内《かわち》（高丘河内）……165 179〜182

り

力田《りきでん》……201
六朝文化《りくちょうぶんか》……128
李密翳《りみつえい》……176
隆観《りゅうかん》……170 214 220
霊雲《りょううん》……147
林邑楽《りんゆうがく》……176

れ

暦法……39 140 171 180 219

ろ

漏尅《ろうこく》（漏刻）……163 217
角《ろく》（録・羽林連）……171 181 220
角《ろくの》（録・羽林連）兄麻呂《えまろ》……170 171 179 181 214 220 222
角福牟《ろくふくむ》……161 163 171 220
盧如津《ろじょしん》……178
『論語《ろんご》』『千字文《せんじもん》』……50 51

わ

倭漢惣歴帝譜図《わかんそうれきていふず》……208
王仁《わに》……12 24 48〜54 58 62 63 67 139
和邇吉師《わにきし》……49
丸邇池《わにのいけ》……103

関　晃（せき　あきら）

1919～1996。東京帝国大学文学部国史学科卒業，東京大学大学院修了。東北大学名誉教授。専攻は日本古代史。『史料による日本の歩み　古代編』『日本書紀』上・下，『平田篤胤　伴信友　大国隆正』『律令』『狩野文庫本類聚三代格』などの共編著のほか，『関晃著作集』全５巻がある。

講談社学術文庫

定価はカバーに表示してあります。

帰化人《きかじん》　古代《こだい》の政治《せいじ》・経済《けいざい》・文化《ぶんか》を語《かた》る

関《せき》　晃《あきら》

2009年６月10日　第１刷発行
2021年２月３日　第８刷発行

発行者　渡瀬昌彦
発行所　株式会社講談社
東京都文京区音羽 2-12-21 〒112-8001
電話　編集（03）5395-3512
販売（03）5395-4415
業務（03）5395-3615

装　幀　蟹江征治
印　刷　豊国印刷株式会社
製　本　株式会社国宝社
本文データ制作　講談社デジタル製作

ISBN978-4-06-291953-1

「講談社学術文庫」の刊行に当たって

これは、学術をポケットに入れることをモットーとして生まれた文庫である。学術は少年の心を養い、成年の心を満たす。その学術がポケットにはいる形で、万人のものになることは、生涯教育をうたう現代の理想である。

こうした考え方は、学術を巨大な城のように見る世間の常識に反するかもしれない。また、一部の人たちからは、学術の権威をおとすものと非難されるかもしれない。しかし、それはいずれも学術の新しい在り方を解しないものといわざるをえない。

学術は、まず魔術への挑戦から始まった。やがて、いわゆる常識をつぎつぎに改めていった。学術の権威は、幾百年、幾千年にわたる、苦しい戦いの成果である。こうしてきずきあげられた城が、一見して近づきがたいものにうつるのは、そのためである。しかし、学術の権威を、その形の上だけで判断してはならない。その生成のあとをかえりみれば、その根は常に人々の生活の中にあった。学術が大きな力たりうるのはそのためであって、生活をはなれた学術は、どこにもない。

開かれた社会といわれる現代にとって、これはまったく自明である。生活と学術との間に、もし距離があるとすれば、何をおいてもこれを埋めねばならない。もしこの距離が形の上の迷信からきているとすれば、その迷信をうち破らねばならぬ。

学術文庫は、内外の迷信を打破し、学術のために新しい天地をひらく意図をもって生まれた。文庫という小さい形と、学術という壮大な城とが、完全に両立するためには、なおいくらかの時を必要とするであろう。しかし、学術をポケットにした社会が、人間の生活にとってより豊かな社会であることは、たしかである。そうした社会の実現のために、文庫の世界に新しいジャンルを加えることができれば幸いである。

一九七六年六月

野間省一